就活のバカヤロー

企業・大学・学生が演じる茶番劇

石渡嶺司　大沢仁

光文社新書

はじめに　就職活動は大いなる茶番劇

企業「良い学生を他社より早く！」

「焼肉の生焼け理論」をご存知だろうか？

みんなで焼肉をするとき、十分焼いたほうがおいしいことは誰もがわかっている。ところが、さっさと食べないと他の人に食べられてしまう危険性がある。

そこで、誰かが抜け駆けして、多少生焼けでも食べるようになる。それに煽《あお》られて、他の人もみんな生焼けで食べるようになる。

しかし、心のなかでは誰もが「生焼けじゃおいしくない」と思っている。でも、他の人に食べられるのはおもしろくない。かくて、みんな生焼けのまずさを我慢して食べることになる。結局、満足する人は誰もいない――。

これが、「焼肉の生焼け理論」だ。

私・石渡嶺司《いしわたりれいじ》と共著者・大沢仁《ひとし》は、現在の就職活動、通称「就活《しゅうかつ》」の実態を明らかにする本を書こうとしている。

ではなぜ、焼肉の話から始めたのか？

実は、現在の就活が焼肉と同じ事態に陥っているからだ。

まず、40代以上の親世代の方には信じられないかもしれないが、今どきの就職活動は大学3年生の秋頃から始まる。

そして、今の大学生には信じられないかもしれないが、1995年以前の就職活動は大学4年生の夏頃がピークだった。

当時のサラリーマンマンガで「ビッグコミックスピリッツ」に連載されていた『なぜか笑介』（聖日出夫著）には、就活に関するこんなコラムがある。

（中略）完全な学生の売り手市場が原因。そのため少しでも早く優秀な学生を確保したい企業側は、面接日を早め、内定も早めに出すという状態になり、それを知った学生側も、さらに熱心に企業訪問するということで、一層エスカレートしたのだ。

（※『なぜか笑介』22巻第10話「面接官」より抜粋）

どこかで聞いた話ではないだろうか。では、当時はいつからエスカレートしていたのか？
同書には「8月20日」と日付が明記されている。付言すれば、4年生の8月である。なぜ

『なぜか笑介』22巻より　©聖日出夫／小学館

なら、当時は企業と大学の間で就職協定があり、「会社訪問は8月20日、内定は11月1日」が解禁日とされていたからだ。

もちろん、就職協定を破る企業もあった。ただ、それでも就職協定には一定の抑止力があり、今のように極端に早期化をすることはなかった。

そのため、『なぜか笑介』では、「8月20日」が「会社訪問日」「会社解禁日」としてやたらと登場している。

さて、この就職協定だが、さまざまな事情により1996年に廃止される。その結果、就活のさらなる早期化は避けられない事態となってしまった。

事実、それからの数年で、就活の開始時期は半年〜1年も早まっている。

そこで、2003年、日本経団連は「2004年度・新規学卒者の採用選考に関する企業の倫理憲章」、通称「倫理憲章」を発表。そこには、「卒業学年に達しない学生に対して、面接など実質的な選考活動を行うことは厳に慎む」との条文があり、就活の早期化に歯止めをかけようとする経団連の意気込みが感じられる。

2008年には、経団連加盟約1200社のうち7割以上の895社が署名。経団連は、「採用選考活動の早期化に一定の歯止めをかける効果があったものと、大学側と企業側双方から評価を得ています」（日本経団連ホームページより）

と自画自賛している。

さて、では本当に就活の早期化は食い止められたのか？

経団連の自画自賛は勝手だが、実はまったく歯止めにはなっていない。

署名した企業のうち、そのほとんどが「卒業学年に達しない学生」、すなわち大学3年生の段階で企業説明会などを実施している。「面接など実質的な選考活動」ではない、という理屈からだ。そして実質、いまや大学3年生の秋から就活が始まっている。

結局、歯止めはかかっておらず、茶番である。

もちろん、企業側にも言い分がある。


「倫理憲章に署名していない企業は良い学生を確保しようとしてどんどん採用時期を早めている。他が早めている以上、うちも黙っているわけにはいかない」

これを、前述の「焼肉の生焼け」と同じと言わずしてなんと呼ぼう。


学生「もっと遊んでいたかったのに……」

たまらないのは学生だ。

受験から解放され、「やっと遊べる!」と遊び呆《ほう》けていたら、あっという間に就活シーズンに突入。学生の気持ちを代弁すれば、「やっと、そろそろ勉強しようと思っていたのに」、もしくは「もっと遊んでいたかったのに」というところだろうか。

それに、就活時期がどんどん早まったとしても、企業が要求するレベルが落ちるわけではない。本来の学生生活期間が短いのに、「大学生活を通して、あなたはどう成長しましたか?」などと質問されても答えられるわけがないではないか。

仕方ないから、学生は就活マニュアル本を参考にしつつ、抽象表現でごまかそうとする。

「サークルの代表を務めたことで、リーダーシップを発揮できるようになりました」

「接客のアルバイトで、コミュニケーション能力が身につきました」

こうしたうんざりするようなセリフを、面接官は毎年、死ぬほど聞かされることになる。するとと企業はどう考えるようになるか? 「良い学生はほんの一握りしかいない」「採用活動を強化しないと、良い人材を確保できない」となるのである。

結果として、「他社より早く動くしかない」と就活の早期化にさらに拍車がかかり、学生は答えようがないからさらにマニュアルや抽象論でごまかそうとする——。

ここでもまた、「焼肉の生焼け」と同じようなことが起きているのである。

大学「企業は教育の邪魔をするな！」

では、学生が所属する大学はどうか。

多くの大学関係者、特に大学教員は、「教育権の侵害だ！」とむかっ腹を立てている。就活の早期化によりゼミや実習など大学教育がままならず、主客《しゅかく》転倒しているからだ。

だが、そのわりに「現状を打破した」という声は聞こえてこない。むしろ、多くの大学が就活セミナーなどを3年生の秋頃から、大学によっては1年生から（！）始めている。

つまり、大学も「焼肉の生焼け」を笑えない存在であり、大学業界全体としては就活の早期化に歯止めをかけていない。いや、むしろ加担している。

そのことを大学関係者に伝えたこともある。すると、返ってくる答えはほぼ同じだ。

「そうは言ってもですよ、就職実績がしっかりしていないと、受験生、それから受験生に大きな影響力を持つ保護者が敬遠してしまう。大学の将来を考えれば、就職支援を手厚くするしかない」

固有名詞と表現を少し変えれば、企業や学生の言い分とあまり変わるところがない。

2008年7月、国立大学協会、公立大学協会、日本私立大学団体連合会の三団体が、日本経団連などに早期化是正の要望書を提出した。ようやく、とでも言うべきか。

だが、これを受けて企業側が早期化を是正する、という話はいまだにない。

先に述べたように、そもそも就活の早期化は1990年代後半から顕著になっており、今になって文句を言いだすのは動きがあまりにも遅すぎる。

まして「要望書」であって、「早期化を是正しなければ、学生には就職活動をさせない」という力強いものではない。企業が無視すれば終わりである（実際には、ほぼすべての企業が無視することが予想される）。

かくして、「焼肉の生焼け」は一向に解消されないことになる。

就活の裏側をすべて曝《さら》す

結局、企業も学生も大学も、三者三様に不満を抱えながら行っているのが就活という茶番劇だ。それでいて焼肉と同様、誰も幸福にはならない。

ああ、なんと愚かしいことか！

この就活の実態、もっと言えば、企業・学生・大学、それぞれの本音はどこにあるのか、それをまとめてみたいと思うようになり、共著者の大沢と協力して執筆したのが本書である(就活には「就職情報会社」という第四の登場人物もいるのだが、その存在については本書で徐々に説明していく)。

学生向けの面接マニュアルをはじめ、いずれか一者の視点から就活をまとめた本は数多い。しかし、それぞれの視点からまとめた本、これはおそらく本書がはじめてではないだろうか。

現状は、企業・学生・大学の三者とも、自己利益のみを口にする。

仙人でもないかぎり、自己利益を追求するのは自然なことであり、私はそれについて悲憤《ひふん》慷慨《こうがい》しているわけではない。ただ、部外者として見ていると、自己利益追求も度が過ぎる。

そのためなのだろう、ある一者は他の二者のことをよくわかっていない。

「ぜんぶ理解しろ！」とまでは言わないが、少しは他の立場のことも知っておけば視点が広がる。なによりも四角四面のガチガチさを抜いて、気を楽に持ってほしい。

私と共著者・大沢は、そう願いながら本書を執筆した。

本書は、企業の人事担当者、大学教職員、学生、就職情報会社、就活コンサルタントなどへの徹底的なヒアリングから得た「生の声」で構成している。

普通の就活マニュアル本が絶対に書かない、就活の裏側を赤裸々に描き、そのうえで、ある意味青臭く、これからの就活のあるべき姿を提案している。

ぜひ、就活に関わる学生諸君や企業の人事のみなさん、大学関係者のみなさんに本書を読んでいただきたい。さらには、就活を終えたばかりの若手社会人のみなさん、就職氷河期で悶《もだ》え苦しんだロスジェネ（ロストジェネレーション）世代の社会人のみなさん、はたまた、若者を部下に持つ上司のみなさんや大学生のお子さんがいる親御さんたちにも読んでいただきたい。

【本書の読者対象】

大学生………自分たちの就活がどう見られているか、就活を準備するためのガイドブック

若手社会人…自分の就活を振り返り、就活の苦しさなどを再認識するための知的読み物

親世代………我が子の就活を見守るための解説書

それから、若手社員たちの現状を把握するための指南書

企業の人事…採用活動をブラッシュアップするためのバイブル

大学教職員…就職支援・キャリア教育をさらに進化させるための裏技本

本書は、どの立場の方が読んでも楽しめるよう、読みやすさと個別具体例を重視した。昨今の就活事情を本書によってご理解いただければ、著者二人にとってこれに勝る喜びはない。

本書の構成

最後に、本書の構成を簡単に説明しておこう。

第1章「就活生はイタすぎる」では、就活における学生の実態をまとめた。企業から見てイタイタしい学生とはどのような行動をとるのか、学生には何が求められているのか、などを明らかにしている。

第2章「大学にとって『就活はいい迷惑』」では、大学の苦悩、キャリア教育の実態をまとめた。学生の多くが気になる学歴・学校歴差別の実情にもかなり切り込んでおり、学生のなかにはショックを受ける方もいるかもしれない。

第3章「企業の『採活』真相はこうだ」では、学生が知らない、でも知りたいと願う採用側の活動、すなわち「採活《さいかつ》」の実態をまとめた。学生の立場からはなかなか見えにくい採活の裏側を、各企業の採用担当者への徹底した取材を通じて明らかにしている。

第4章「インターンなんてやりたくない」では、いつの間にか就活の一部になったインターンシップについてまとめた。本来の意味では「仕事体験」であり、期間は数カ月にも及ぶはずのインターンシップがなぜ日本では一日になるのか、そのカラクリも暴露している。

第5章「マッチポンプで儲ける就職情報会社」では、就活を裏で操《あやつ》る就職情報会社についてまとめた。就職情報会社がどのように就活に関わっているのか、また、企業は就職情報会社からどのように搾取《さくしゅ》されているのか、そのカラクリを明らかにしている。

「おわりに」は本書のまとめである。本書のタイトルは「就活のバカヤロー」であるが、いちばんのバカヤローは誰なのか、そして、学生は就活を通じてどう行動すべきなのか——その答えはここにある。

なお、この「はじめに」および第1章、第2章、第4章、「あとがき」の執筆は私・石渡が、第3章と第5章、そして「おわりに」の執筆は大沢が担当している。

私は、大学関連記事を専門とする〃大学ライター〃として、主に学生や大学教職員への取材を行った。一方の大沢は、私と同じくライターでありながら、消費財メーカー、教育研修企業、IT企業で採用や教育研修などに関わった経験を持つため、企業の内情（特に、人事の内情）に詳しい。主に企業の採用担当者への取材を担当した。

私が大学・学生側の動きを見ているのに対して、大沢は企業側の動きを見ている。このスタンスの違いが相乗効果の妙《みょう》を生み出した、と私たちは自負している。

章によって文体などに多少の違いがあるかもしれないが、事前にご了承いただきたい。

＊「ハミダシ情報」について
本書では、各ページの下に欄外情報を掲載している。第1章のテーマは「就活プラス情報源」。就活に役立つサイトや書籍、雑誌、あるいは情報を掲載した。店舗の営業時間等は2008年10月現在のものである。第2章は「大学の就職支援・キャリア教育・就職実績」。北から南の順に、筆者個人が特色あると感じた大学の就職支援策やキャリア教育、あるいは就職実績を紹介した。第3章は「おもしろ採用・おもしろ企業」。ユニークな採用方法をしている企業や、一般の知名度は低いが特殊な技術を持っている企業などを紹介した。第4章は「学生のダメなひと言」。学生の言いやすい、だけどダメな質問やひと言をまとめた。なお、カッコのあとのコメントは、採用担当者の心の叫びである。第5章は「就活データ集」。就活に関連するデータをまとめた。なお、出典を明記していない数値は、エン・ジャパンの「2009年度新卒採用マーケット学生動向・企業動向」を参照している。情報源や大学、企業名などは石渡個人の琴線に触れたかどうかで決めている。個人的な感想・疑問もたっぷりと含んでいることを諒とされたい。

目次

第3章　企業の「採活」真相はこうだ —— 133

第5章　マッチポンプで儲ける就職情報会社――223

第1章　就活生はイタすぎる

「こんな漢字も書けないのか」

「御社《おんしや》の賞品が跳ぶように売れる様子を見て、御社、キヤノンをもっと大きくしていきたいと思うようになりました」

キヤノンに熱い思いを抱く学生のエントリーシートである。

エントリーシートとは、昔で言うところの履歴書のことだ。入社の志望動機だの、学生時代の思い出や愛読書だの、書く内容が複雑化した書類と理解していただければ十分だろう。タチの悪いことに、書式は各社バラバラである。

さて、このキヤノンにどうしても入りたい学生の夢はかなうのか？　残念ながら、ほぼ間違いなく落とされるだろう。

「賞品」ではなく「商品」、「跳ぶように」は「飛ぶように」の間違いである。書類なら、「御社」ではなく「貴社」と書くべきだ。

もっと言えば、熱い思いがあり、第一志望であるはずの「キヤノン」は、「キヤノン」と「ヤ」を大きく書くほうが正しい。

いくら熱い思いがあっても、字を間違えていては致命傷だ。せっかく能力があるはずなのに、誤字ごときで落ちてしまうとは実にイタイタしい。

大型書店　希望業界の本は各業界コーナーを探せば関連書籍がすぐわかり、ネタ探しにはもってこい。就活本コーナー以外の活用を。

エントリーシートでよく見かける「イージーミス」

誤字・脱字	正式名称・文言
ブリジストン	→ ブリヂストン
野村証券	→ 野村證券
フジテレビ、日本テレビ	→ フジテレビジョン、日本テレビ放送網
松下電器、松下電器産業	→ パナソニック
(文書で銀行に対して)御社、貴社、御行	→ 貴行
(文書で)お母さん、お父さん	→ 母、父
志望動気	→ 志望動機
雇客満足	→ 顧客満足
専問的	→ 専門的

学生にしてみれば、

「入社したい、という熱い思いを知ってほしい。思いがあれば、誤字脱字など小さな問題だ」

と思うかもしれない。

しかし、企業の側はそうは考えない。

「熱い思いがあるなら社名を間違えるはずがない。それに、ビジネス文書に誤字脱字は許されない。エントリーシートなど就職活動の書類はその初歩。きちんと書けないなら、落とすに決まっている」

かくして、学生の認識の甘さ、いや勘違いによって、学生は新たなエントリーシートを書く羽目になる。

学生の「自己分析」はイタすぎる

このような勘違いは、就活のいたるところに存在している。その大元であり最大のものが、学生が必死に行う

『銀のアンカー』 大ヒットマンガ『ドラゴン桜』の作者が描く就活マンガ。ストーリーもおもしろく参考になる。2008年10月現在、5巻まで刊行。

「自己分析」だ。

自己分析とは、自分の過去の成功体験や失敗体験、行動パターン、価値観などを振り返り、「自分とはこういう人間なのだ」ということを発見するために行う性格診断みたいなものである。学生が面接やエントリーシートでやたらと聞かれることになる「自己PR」は、この自己分析なしでは答えられないと言われている。

まさに自己分析は就職活動の出発点とされており、自己分析を支援するための診断テストのようなものも存在している。

大学の就職課の指導でも、自己分析はかなり初期に行われている。学生たちは「就職に関する基礎講座※」を受けたうえで、「自己分析」「業界研究」「企業研究」「職種研究」を進めるようにと指導されることが多い（途中には、具体的なエントリーシート講座や面接対策講座なども実施される）。

※「就職に関する基礎講座」は、「キャリア講座」「キャリア基礎ゼミ」などと呼ばれることもある。以後、やたらと「キャリア」という単語が頻出するが、「就業観」「就職」とほぼ同義語と考えてよい。

「気まぐれコンセプト」（ホイチョイプロダクションズ）「ビッグコミックスピリッツ」連載中。世相斬る4コママンガ。広告業界が舞台と知る読者は少数。

さて、この「自己分析」こそが、学生を悩ませているうえに、無限に広がる可能性を奪っているという議論がある。それどころか、かえって早期転職の一因にもなっている、との評すらある。

そもそも、今まで何も考えずに生きてきたバカ学生に自己分析をしろと言っても無理がある。「バカでした！」という答えしか出てこないではないか。

具体的に説明しよう。これまで特に何も考えずに大学に入り、サークルやアルバイトなどを漠然とこなす日々を送ってきた人。もっと言うと、これまで平凡な人生を歩んできた人（あるいはそう思っている人）は、自己分析をしても、何も出てこなくて悩むことだろう。

それはそうだ。自己分析の前は何も考えないで済んだのだから。それでも、それなりに幸せに生きてきたのもまた事実だ。

ここで、テニスサークルの代表などを務めた学生、体育会で華々しい成績をあげた学生、海外経験が豊富な学生、ＤＪやストリートダンスなど「変わったこと」（と自分では思っている）をやってきた学生、産学協同研究などを行ってきた学生は得意満面、天下を取ったかのように思い込む。

『就活★コミック 内定がほしい！』（高内優向＆就活探検隊）　講談社の採用サイトに連載されていたマンガが単行本化。内容もかなり実用的。

「他のバカ学生と自分は違う。これをがんばりぬいたから、自分は○○な人間だ」

自分は他の学生とは違う。ウリがある。「がんばったこと」がある――就活では絶対に有利だと信じ込んでしまうのだ。

あるいは、学生の自己分析はたいてい「入りたい業界・企業」に合わせたものになってしまっている。そう、「自己分析」になっていないのである。

たとえば、テレビ業界を志望する学生はこうだ。

「自分は幼い頃からテレビっ子で、ずっとテレビとともに歩んできた。また、幼い頃から人を楽しませるのが好きだった。自分という人間は、テレビを使って世の中を楽しくしたい人間であると確信した」

こんなことは誰にでも言える。いや、誰だってそうだろう。

名詞を入れ替えて、コピペ（コピー&ペースト）すれば、他の業界にも言えることで

『ヤング島耕作』（弘兼憲史）　島耕作シリーズの若手社員編。「課長編以降の都合良い後追い」との批判もあるが、社会人の擬似体験になるか。

はないか。電機メーカーや電力会社を受ける際は、つぎのような自己分析をするに違いない。

「自分は幼い頃から電化生活を送り、ずっと電気とともに歩んできた。また、幼い頃から人を楽しませる、電気のような明るい性格だった。自分という人間は、電気を使って世の中を楽しく明るくしたい人間であると確信した」

これのどこが自己分析か？　この程度の、掘り下げの足りない自己分析を行っている学生がよく見られると、各社の人事担当者は口にする。

そもそも企業の人事は、学生が何をやったかはどうだっていいと思っている。それよりも、どうやったかという中身こそが重要だ。

だから、電気のように明るい性格なのかどうかはどうだっていい。極論すれば、闇よりも暗い性格であっても企業にとって必要な人材であれば採用する。

自分のことを理解するには、他人からの視点を理解しなければならない。さらには、就活にしろ、なんにしろ、何かに取り組む過程で、自分とは何かということに気づくも

『サラリーマン田中Ｋーがゆく！』（田中圭一）　おもちゃ会社に勤務していた著者の体験をまとめたマンガ。手塚キャラによく似ているのはご愛嬌。

のである。

そのことに学生は気づけない。いや、気づくかどうかにかかわらず、就活マニュアル本などに流されて、やってもやらなくても変わらないレベルの自己分析をやってしまう。机に向かって今までの人生を広く浅く振り返り、もっともらしい言葉で表現する。これが、今どきの学生たちの自己分析だ。


最近では、「自己分析不要論」を唱える大学関係者やキャリア論研究者が増えてきている。今まで大した挑戦をしていないのに、自己分析などを行っても、何も生まれない。むしろ、小さな殻《から》に閉じこもってしまうというわけだ。

「スーパージャンプ」に連載中の人気就職マンガ『銀のアンカー』(三田紀房・関達也著)でも、志望業界をどこにするか悩む学生に対して、アドバイザーが自己分析を禁じるシーンがある。

この自己分析不要論はきわめて共感できる意見だ。

新卒で採用したいのは、「今までがんばった人」よりも「これからがんばれそうな人」である。その人がどんな人間なのかは、面接官が面接を通じて、じっくりと理解してい

雑誌　「日本経済新聞読めば就活に得」と言われて久しくその通り。同じく一般週刊誌や経済雑誌なども読めば就活に得。なぜか誰も言わないけど。

くものだ（好き嫌いは別として）。
自己分析、自分探しで、「小さな自分」に気づいて落ち込んでしまったり、企業に入るための下心満載の「嘘くさい自分」をもっともらしく演じている時間があったら、「未来の自分」を大きく構想してもらいたい。

やっぱり…きちんと自己分析終わらせないと
一歩も進めない自分がいるんです
『銀のアンカー』4巻より　©三田紀房・関達也／集英社

「自分はバカ学生だった。勉強もサークルもろくにやってこなかった。でも、将来は○○な仕事で世界を変えたいと思っている」

中途半端な自己分析や、胡散《うさん》臭い自己PRをする学生より、こう言い切れる学生のほうがよっぽど好感を持てる。

「週刊ダイヤモンド」　経済週刊誌の一角。毎週月曜発売。図表などを多用し、読みやすいと評判。業界丸ごとの特集は参考書代わりに。

何人いるんだ？　「私はテニスサークルの代表でした」人間

学生たちは「就活＝選考に通ること」だと思い込んでいる。

だから、選考を通過するために、自分たちのウリとなる部分を必死に探す。ゼミやサークル、アルバイトなどを振り返り、自己ＰＲのネタを探すわけである。

なかには、大学生活においてこれらを選ぶ段階から、「就活に有利か？」「アピールポイントになりそうか？」という点で決める学生さえいる。

ちなみに、慶応大学の学生は、面接にかぎらず、自己紹介の際に必ず自分のゼミ（慶応の場合、研究会と言う）の名前を言う。さらに、聞いてもいないのに、そのゼミが「学長のゼミ」「学部長のゼミ」であることを伝えようとする。

しかも、必ず勝ち誇ったような顔でそのことを自己ＰＲするのである。

だが、そのようなアピールを行う学生は10年以上前からいる。いまいちすごさが伝わらないこと、これも10年前から変わらない。

慶応出身者なら、「学長のゼミか、それはすごい」と思うかもしれない。だが、面接担当者は慶応出身者とはかぎらない。すごさが伝わらなくても無理からぬ話だ。

慶応はすばらしい大学だ、と母校愛を持つのは結構な話である。それを、慶応とは関

「週刊東洋経済」　経済週刊誌で毎週月曜発売。「週刊ダイヤモンド」よりちょい堅め。佐藤優らの連載は高評価。

係のない人間にまで伝えようとしても無理がある。ときには鼻持ちならないと悪印象を与え、選考に落ちる羽目になる。

こうした大学自慢に加え、サークル自慢が入るとさらに印象は悪い。サークルでの体験を語る、よくある自己ＰＲはこうだ。

「私は１００人いるテニスサークルの代表を務めていました。話し合いによって、サークル内のトラブルも率先して解消してきました。また、１００人全員にとって思い出となるようなサークル合宿を実施しました。このリーダーシップを、御社でも発揮したいと思います」

「私は１５０人いる法律サークルの会計を務めました。大規模なので、予算も大きなものとなります。メンバーからの会費の徴収・管理はもちろん、ＯＢ・ＯＧから多額の寄付金を集めることにも貢献してきました。このサークルで得た、冷静沈着に物事を進める力を活かしたいと思います」

このような自己ＰＲをする人が毎年、各社に何百人も現れる。一生懸命アピールして

「プレジデント」　経済誌で隔週月曜発売。ビジネススキルや手法などの特集が多く、ビジネスマンからの評価大。給料や学歴特集も多い。

いるようで、それ自体がありふれているわけである。

他にも、DJ、バンド、ストリートダンス、国際交流サークル、よさこいなど、「自分は変わったことに一生懸命に取り組んだ」というアピールは枚挙《まいきょ》にいとまがない。しかし、各社に何千枚と届くエントリーシートの山のなかでは、べつに珍しいことでは決してない。

アルバイトにしても同様である。家庭教師で担当した学生の偏差値をこれだけアップさせた、モデルや通訳など人と違ったアルバイトをしてきた、というアピールをしてくる学生があとを絶たないという。

なかには、「サークルが全国大会で優勝しました！」という、一見すると華々しいこときわまりない自己PRをする学生もいる。しかし、よく聞くと、自分は補欠選手だったという。チーム全体をサポートするなどのことはやっていたかと思うが、偉いのはサークルのメンバーであって、彼個人ではない。まったく意味がないアピールである。

一方、「珍しいポイント」がない学生はひたすら落ち込む。「私には、アピールのネタになることが何もない」と思ってしまうのだ。自己PRのネタになるようなことを大学時代につくろうとする学生がいてもおかしくはない状況である。

「週刊エコノミスト」　経済週刊誌で毎週月曜発売。新聞社発行のせいか堅め。専門家執筆の多さが特徴。最近は金融ネタも多いので志望者は一読を。

このようにして、「就活のための学生時代」ができあがっていく。

くれぐれも間違ってはいけないのは、企業は「珍しい体験」「すばらしい実績」を買おうとしているわけではないということである。そういった体験のあるなしに一喜一憂するのは無意味だ。

企業の人事担当者に聞くと、べつに「珍しいことをやっていたかどうか」は重要ではないという。

「たしかに、よく見えてしまうというのは事実ですが、選考が進むにつれて、化けの皮は剥《は》がれていきますよ。複数の面接官の視点で本質を見抜こうとしているものです」（メーカー・人事部）

「変わった体験はべつになくても構いません。極端な話、コンビニのバイトでも大丈夫です。でも、それを掘り下げて振り返ってほしい。見ているのは、ある行動にどんな思いで取り組んだのか、そこでどれくらい成長したのか、自分にどんな変化があったのか、自分のどんな価値観に気づいたか、です」（IT系企業・人事部）

「週刊現代」　一般週刊誌で毎週月曜発売。スキャンダル記事が多く、日本相撲協会とは大喧嘩中。オヤジ世代の発想を知るならこれ。

それでも、学生は不安になる。かくして、自己PRのネタがなくてイタがる学生、自信満々の表情でイタい自己PRをする学生が量産される。

納豆人間にはウンザリだ

「私は納豆のようにねばり強い人間です。と言いますのも、サークルでは体育会なみの練習を日々、地道にこなしてきました。結果、難敵を倒し、学内大会で優勝することができました。このねばり強さを御社でも活かしていきたいと思います！」（学生）

「はい、自己PRありがとうございました（ちぇ、また納豆人間かよ）」（面接官）

「納豆のようにねばり強い人間です」「エアコンのように適応能力抜群です」など、学生はどこで学んだのか、はたまた自分で考えたのかわからないが、「○○のように××な人間」という自己紹介をしたがる。

自分の個性をアピールするために、「わざとらしい、イタい個性」を「一見、わかりやすそうな言葉」で表現する。

「AERA」　一般週刊誌で毎週月曜発売。写真多用の読みやすさと中吊り広告の一行オヤジギャグが有名。一時は就活記事が頻発。

「○○のように××な人間です」と自己紹介する学生の特徴

① 名が体を表していない	納豆人間の例で言うと、ねばり強くも栄養満点でもなく、むしろ人間としての弱さが目立ち、元気でも奥深くもない。
② 一方通行のコミュニケーション	いかにも一生懸命練習した面接になっていて、自然な会話ができない。簡単な質問をしても、わざとらしい応対になり、少し突っ込むと玉砕する。実はコミュニケーション能力が低い。
③ 就活マニア	就活には力を入れているが、それ以外にがんばったことがない。不安で不安でしょうがなく、人間的にも成熟しておらず、話がイチイチ退屈。

特に「納豆」は大人気だ。ただ、「納豆人間」はたいていの場合、面接などを進めてみると、納豆ほどねばり強くも栄養満点でもなく、名が体《たい》を表していないケースがほとんど。「お前、納豆食べたことあるのか?」と思わず突っ込んでみたくもなる。

面接などで、「○○のように××な人間です。と言いますのも、□□能力があるからです」という自己紹介をする人には、おもしろいことに上図のような共通した傾向があると思う。

実際、人事担当者へのヒアリング結果では、「○○のように××な人間」「□□能力がある人間」という自己紹介をした人で内定した人は少なかった。

決して、杓子《しゃくし》定規でそのような自己紹介を

「週刊文春」　一般週刊誌で毎週木曜発売。女性でも読みやすいオヤジ週刊誌として定評。朝日・読売とは両方とも仲が悪いらしい。

する人＝おもしろくない人と断定して、落としたわけではない。結果的に、面接の内容においても、実際の人物の印象などにおいても、通す理由がまったく見当たらないというのだ。

面接を通過するのは、自然な自己紹介ができる人だという。「○○のように××な人間」というような、わざとらしい自己紹介をせずとも、自分の人となりを自然体で紹介できる人というわけだ。

一見、個性があるように取り繕《つくろ》うが実は無難な個性しか持っていない人間、マニュアルに頼り切っている人間は、どの会社も欲しくはない。

大手広告代理店でリクルーターをしていた経験のある男性はこう語る。

「印象に残る学生というのは、わざわざ自分から○○のような人間とは言いません。会ったあとに、あいつは○○みたいだったなあと、自然に評価されるものですよね」

これらの声はいちいちうなずける。

「○○のように××な人間」なのかどうかや、「□□能力がある」かどうかは、自らア

「創」「つくる」と読み、マスコミ業界志望者の間では企業別研究がしやすいことで有名な雑誌。囚人・犯罪者インタビューの多さもウリ。

ピールすることではなく、人事担当者が判断することだ。面接を通る学生は、自分から「私は○○のような人間です」とは決して言わない。

　こうした学生の面接のあとには、面接官同士で「今の学生、納豆みたいな奴だったなあ」「さっきの学生は□□能力高いよ。あの子はぜひ欲しい」というような会話が自然と起こる。

　評価するのは相手だ。自分から、もっともそうなキャッチコピーをつくる必要はない。

　私がこの話をするときは、合コンにたとえることにしている。

「たとえば俺がさあ、『キムタク似と言われる石渡でーす』と自己紹介したとして、君はどう思う？」

　自らの名誉のために断わっておくと、合コンでは絶対にそんなことは言わない。なによりもまったく似ていないからだ。あくまでも、たとえである。

「え〜、それは……、ちょっと引いちゃいますよね」

「（この野郎、正直な感想を言いやがって……）そうでしょう、そうでしょう？　もし似ていれば、自分から言わなくても『キムタクに似ているって言われません？』と相手が話を振ってくれるはず。面接での自己ＰＲも同じだと思うよ」


「編集会議」　出版業界志望の学生間では有名。「創」に比べればかなりライトなつくり。広告業界志望なら「宣伝会議」を。

こう話すと、だいたいは納得してくれる。

コピペしたような、「納豆人間」などというわざとらしい自己PRをせずに、自然体で自分という人間を語っていただきたい。

「勝利の方程式」は惨敗への近道

人事担当者によると、大学3年生の6月頃に行われるインターンシップ（インターンシップに関しては、第4章で詳述する）説明会に足を運ぶ学生たちは、必ずと言っていいほどつぎの質問をしてくるという。


「エントリーシートでは何を見ているのでしょうか？」

「面接では何を見ているのでしょうか？」

「通る人のポイントはなんでしょうか？」


選考まで半年以上時間があるというのに、ずいぶんと気の早い質問だ。

選考期間が迫ってくるとなおさら、この手の質問は増える。それは説明会や就職イベ

専門新聞　別名を業界紙。特定業界のみ対象で、専門的だが勉強になる。「観光経済新聞」「繊研新聞」（ファッション業界）などが有名。

ントにかぎらない。
私は、出会った学生には「就活のことで相談があれば時間をつくる」と伝えている。後日、自宅近くまで来てもらい、話を聞くと、やはり同じ質問が飛び出る。

「エントリーシートでは何を見ているのでしょうか？」
「面接では何を見ているのでしょうか？」
「通る人のポイントはなんでしょうか？」

採用担当者ではない、一ライターにすぎない私にでさえ、こういうことを聞いてくる。「就職ジャーナル」をはじめとする各種就職情報誌では、「○×社に通ったエントリーシートはこれだ！」「面接で勝つためのこのひと言」などの特集が毎年組まれるし、OB・OG訪問や、すでに企業に内定している4年生に相談する際も、このことが話題にのぼる。

そもそも、くり返すように、学生たちは「就活＝選考に通ること」だと思い込んでいる。高校以前のテストと同様、回答があり、点数がついて、偏差値によって序列化され

『面接官の本音2009』（辻太一朗）　数ある面接対策本のなかではいちばんまとも。なぜその質問をするのかを面接官視点できちんと解説。

るとでも思っているのか。

信じるのは勝手だが、こういう学生は大概が失敗する。回答はあってないも同然、点数もつかない。もちろん序列も生まれない。

その業績やブランド力で企業に序列をつけることは不可能ではないし、遊びとしてはおもしろいだろう。実際、「2ちゃんねる」などでは「就職偏差値ランキング」をよく目にする。しかし、それよりも、今の時点では小規模・無名な会社に入って成長させるほうがもっとおもしろいはずだ。

回答がある、点数がつく。そう思い込む前に考えるべきことは山ほどある。


「各業界に何が起こっているのか?」

「どのような企業があるのか?」

「自分はどんな社会人になりたいのか?」


このようなことを考える前に、まず「選考を通るにはどうすればよいのか?」ということに議論が集中する。本末転倒としか言いようがない。

『採用氷河期』(原正紀)　企業の採用活動を体系的にまとめた一冊。自分のことしか考えられない学生も読めば参考に。

そして、就職情報誌や就活マニュアル本、就活サイトなどで共有される「過去に面接を通過した人」のエントリーシートや面接でのトークが「複製」されていくのである。

ある大手メーカー人事部の社員はこう語る。

「『就職ジャーナル』の、採用された学生のエントリーシートを公開する特集記事に協力したところ、まったく同じようなフォーマット、言い回しで応募してくる学生が急増した」

「就職ジャーナル」にかぎらず、一般週刊誌の就職記事も同様である。「ＡＥＲＡ」の２００３年２月３日号と２００４年１月26日号の就活特集には、「採用を決めたひと言」が掲載された。

この二つの記事には、ほぼ同じセリフが登場している。

「ここでリクルートスーツを脱いで帰ります！」

なんともすごいひと言だが、この学生のひと言に対して、２００３年の特集には企業の絶賛コメントが載っていた。

「『本当に？』と尋ねたら、こう答えた。こういう言葉が計算ではなく、自然に出てきたと思わせる人だった」（江崎グリコ）

それが、２００４年の特集ではどう変化していたか。

「昨年度の決まり文句。みんな言っていました」（大日本印刷）

なんとわずか一年で、「内定を出したひと言」から「内定を出せないひと言」に大暴落している。

「なかなかうまい、ちょっと真似してみよう」と思った瞬間、学生の個性は没個性化していく。結果として、真似がバレてしまい、選考を通過しないケースもよくあることだ。エントリーシートは運良く通過できたとしても、面接のプロセスで化けの皮が剥がされ

ウソか、ホントか？　就活武勇伝

❖「男は黙ってサッポロビール」という広告コピーを真似して、面接で黙りこんだ人が通った
❖「GNPとは、がんばれ日産パルサーの略です！」と自己PRした人が日産に入社した
❖「学生時代はプロレス観戦（P）とギャンブル（G）に明け暮れていました。だから、P&Gが第一志望なのです！」と自己PRした人が落とされた
❖広告代理店は目立ったもの勝ち。毎年、和服や着ぐるみなどでやってくる人がいる
❖大関酒の面接で逆立ち。「僕は関大（関西大）です！　逆立ちすると大関です！」
❖スポーツ新聞社を受験する際、わざわざ自転車で会社に行き、「自転車で走り回れるほど体力があります！」とアピール
❖企業名と自分の名前が一字でも合っていれば、それを強調する（例：「森本です！　森永製菓を本当に大きくしたいと考える森本です！」）

ていく。

企業が知りたいのは、その人材が「どんな人材なのか」であるのに、過去に選考を通過した人の真似をしてもまったく意味がない。人によって個性も違えば、その最適な表現方法も違うからだ。

先輩の真似をする学生にかぎって、ちょっと質問して突っ込むと、しどろもどろになってしまう。まるで音飛びするCDのように、練習してきたことしか言わなくなる。あるいは、フリーズしてしまう。

しかし、ネットの時代ゆえに、学生が不快感を持った面接はネット上で叩かれてしまうので、タチが悪い。いわゆる「炎上《えんじょう》」状態となるわけだ。

『これで書く力がぐんぐんのびる!!』（工藤順一）　小学生向けの作文問題集。とはいえ、学生にも合う。文章力に自信がないならお勧め。

さらに、「先輩の真似」ということでいえば、まるで都市伝説のような「就活武勇伝」も「複製」されていく。

就活武勇伝として語り継がれているエピソードを45ページの表にまとめた。いずれも真偽のほどは定かではないが、毎年、これらのことを真似したり、少なくとも気にする学生がいることは事実である。

「他人の真似はいいから、ちゃんと自分のことを教えてくれ」

これが人事担当者の本音なのだが……。

99%の学生にとって、資格は無意味

学生からよく聞かれる質問の一つが、「資格は持っていたほうが就活では有利ですか?」である。

結論から言うと、新卒総合職の場合、選考においてはほとんど有利にならない。むしろ、資格をいっぱい持っている学生は面接などで会うとイマイチなことが多いというのも、人事担当者の間での共通認識であるようだ。

『ブラック企業の闇』(ムネカタスミト) 内定が取れず、心折れているときにささやくブラック企業の内定。入ってしまったあとは? 暗い未来がズバリ!

資格ほど、学生や大学関係者から誤解されているものはないだろう。

私が、「資格？　あまりこだわらなくてもいいんじゃない」と答えても、「そうなんですけどねえ」と納得しない学生が多い。

各社の人事担当者によると、エントリーシートにたくさんの資格を書いてくる学生は多数いる。しかし、その多くが、「持っていてもしょうがないのでは……」という資格ばかりであるという。

趣味で取るならともかく、就職に有利になると思って取っているならば、大きな勘違いである。新卒採用において、人事担当者が「おっ！」と思う資格は、簿記一級かTOEIC900点以上くらいだ。

もちろん、これらの資格を在学中に取得するのは相当困難である。だから、はっきり言おう。99％の学生にとって、資格は就活を有利にしない。

旅行・観光業界志望者が「旅行業務取扱主任者」を目指す姿もイタイタしい。

「熱心さの表れとも言えるが、資格試験の勉強にエネルギーを取られすぎているし、そもそも資格に寄りかかりすぎ」（旅行会社・人事部）

『図書館を使い倒す！』（千野信浩）　専門図書館の使い方を指南。さらに、雑誌記者の日常がわかる一冊。マスコミ業界志望者は読んで損なし。

と、関係者の間ではもっぱら悪評だ。

「実用英検二級程度なら資格欄に書かないほうがいい」と言われるのも本当。「自分の英語力はこれだけしかありません」との意思表示になってしまう。かといって、英語を猛勉強すればよい、という問題でもない。

新卒採用で期待するのは、「これから成長しそうな人か?」と「社会人基礎力(の基礎)」であって、必ずしも個別の「ビジネススキル」ではないのだ。

それでも、資格にこだわる学生は絶えることがない。資格取得までにはそれなりに時間がかかる。その手間暇のわりに、彼らの面接通過率は驚くほど低いと言われている。会ってみると、「コミュニケーション能力が低い」「人間としての弱さを感じる」「人間として深みがない」人が多く、とても採る気になれないらしい。

彼らは、「自分に自信がなくて、資格で武装しようとしている」人とも言える。その資格も、学生時代から持っていてもあまり意味がない資格だらけなので、タチが悪い。

もちろん、なかには、向上心の強さゆえに資格取得に燃えている人、あくまで趣味として楽しんでいる人、合コンのネタなどモテるために資格取得に走る人などもいる。こ

『売れないのは誰のせい?』(山本直人) 著者は元・博報堂人事ディレクター。マーケティングが簡単にわかる一冊。広告業界志望者は読むべし。

の手の学生なら、まだ職場に入った場合に活躍することも多い。

人事の視点では、「資格そのもの」よりも、「なぜ、その資格を取ろうと思ったのか？」に着目しているのだ。

声を大にして言いたい。

資格で武装する前に、まず自分の人間力を磨いたらどうだろうか。

「浪人」「留年」が有利に働くことも

「浪人」「留年」は有利なのか、不利なのか、という質問も学生からよくもらう。これに関しては、「就職浪人」以外は意外にも不利とは言えないというのが事実のようだ。

学生は、現役年齢（現役で大学に合格した場合の年齢）に対して何歳まで多くても大丈夫なのかということを気にする。企業によっては、年齢制限を設けているケースもあるにはあるが、最近では（少なくとも名目上は）年齢不問採用が多数である。

では、企業の人事は「浪人」「留年」がある学生をどう見るのか？

「浪人、留年の中身による。そこでどんな経験をしたのか、何を学んだのかがポイント。


『データはウソをつく』（谷岡一郎）　企業だってウソをつく。データの盲点を知らないと就活でも損をするはず。ウソを見破れ。

最近は大学全入時代で、浪人などを経験していない学生も多い。むしろ苦労している点を評価することもある」(消費財メーカー・人事部)

他の企業もおおよそこのコメントと変わるところがない。

結局、その中身が重要ということか。中身によってはむしろプラスになるというのは、学生にとっては意外な事実ではないだろうか。

これに対して、「就職浪人」は熱意だけでは通じないケースがほとんどのようだ。

「就職浪人もタイプによる。前年に一生懸命がんばって第一志望の企業の選考を最終近くまで進んで落ちた学生は、実はつぎの年も玉砕《ぎょくさい》するケースが多い。すでに前年、がんばって成長し切ってしまっていることと、毎年、企業の選考基準は洗練され、上がっていくためだ。熱意だけでは通用しない。これに対して、前年は就活をサボって、まったく活動していなかった学生のほうが、成長度合が高く、翌年は内定にいたるというケースも多いようだ」(人材ビジネス関係者)

『渋谷ではたらく社長の告白』(藤田晋)　サイバーエージェント社長・藤田晋氏の自叙伝。人材の重要度がわかる。

アナウンサー採用など、採用者数が極端に少ない企業・業種もあるので、就職浪人が絶対にダメ、というわけではない。ただ、一年余計に就活をすることが必ずプラスになるわけでもない。これは知っておいたほうがいいだろう。

浪人、留年したかどうか、という事実だけで一喜一憂するのは意味がないようだ。

人事が悩む「学生のトホホ質問」

人事担当者は、大会場で開かれる合同企業説明会や各大学で行われる学内セミナーなどで、企業説明のプレゼンテーションを行うが、その際には学生から多数の質問を受ける（なかには話が盛り上がらず、質問がまったくこない企業もある）。

質問の中身は玉石混交《ぎょくせきこんこう》だという。我が国の将来に関するような質問もあれば、「それを聞いてどうするの？」というトホホな質問もある。

マスコミ系やエンタメ系の企業、あるいはメーカーなどで見受けられるのは、まったくのファン視点の質問だ。

「○×が大好きなんですけど、今後の展開はどうなっていくのでしょうか？」

人事担当者はもちろん、企業情報の一環として、○×のことは知っている。だが、自社の製品・サービスといえども、自分がファンとはかぎらない。まして開発にかかわっていない以上、展開など知るはずがない。

「広報室に電話してくれ」「どうしても知りたければ、ホームページから問い合わせメールを送れよなあ」と言いたくもなる。

もっとも、こう言っては学生に嫌われてしまい、志望者を集めることができない。ネット上に悪口が多数書き込まれる「炎上」状態も避けなくてはならない。だから、企業の人事担当者は誠実に答えなくてはならないのである。

そこで、特にファンでもないのに、○×について調べる羽目になる。

ファン視点の質問は、それでもまだ関心の高さがあるから許せる。なかには、つぎのような失礼きわまりない質問も飛び出る。

「他にオススメの企業を教えてください」

「今、就活し直すとすれば、どの会社を受けますか?」

『働く意味』(小島貴子) 自分らしさに自信喪失。働く意味など、学生の就職・労働観に関する質問に専門家の著者がズバッと回答。

「就活し直す？　うーん、やっぱり給料と待遇のいい会社でしょ。たとえば、□△社だったら受け直してみたいよねえ」

そういう答えをした翌日、その人事担当者を待つのは沖ノ鳥島支店への異動辞令である。答えられるわけがない。

あるいは、からかったような表情で、

「年収はいくらもらっているんですか？」

と聞いてくる学生だっている。「逆にいくら欲しいですか？」と聞きかえすと、キョトンとしてしまうという。

「離職率」や「研修制度や産休・育休制度の充実度」、さらには「働きやすさ」「女性の活躍度」など、一見するとまともそうな質問ももちろん出る。しかし、これらの質問に対して返答するにもひと工夫が必要だ。というのも、彼・彼女らには、これらの項目に対する基礎知識がほとんどないからである。

『新卒はツラいよ！』（きたみりゅうじ）　就活や社会人のツラさをテンポよくまとめたエッセイマンガ。職業観がわかると大学関係者の評価大。

まずは前提としての、世の中の相場感から伝えなくてはならない。

たとえば、「離職率」だけを見てもその企業の実態はわからない。腐った社員だらけで、定年までなかなか人が辞めず、自分の市場価値がどんどん下がっていく会社を良い会社だととらえるのか？

「研修制度」は充実しているものの、現場の仕事との実態がかけ離れており、なかなか実務経験を積めない会社をどうとらえるのか？「産休・育休」は正社員に対しては法律で義務付けられていることを知っているのか？「働きやすさ」の定義はなんなのか？　何をもって「女性の活躍度」と言うのか？

学生の質問は突っ込みどころ満載だ。

そして、「知ったところで、君はどうしたいの？」と聞いても答えられない学生だらけである。

このように、「なんでも質問する」というスタンス自体が、「グーグル世代」「ゆとり世代」の特徴だ。彼らにとって、答えは「出すもの」ではなく、「探すもの」なのである。安易に人事担当者にトホホな質問をするのは、そのような背景もあると考えられる。

しかし、学生たちは、このような「寒い質問」を積み重ねることによって成長してい

『就職活動でへこんだら読む本』（重田剛志）　就活でへこみたくないのはあたりまえ。でもへこむとき、内定取れないときの参考に。

く側面があることも忘れてはいけないポイントだ。まだ質問をする勇気があるだけマシだとも言える。

質問に答えたところで、自社を受けてくれるかどうかはわからない。ましてや、入社する可能性などきわめて低いだろう。それでも、社会の未来をつくるために、人事担当者は学生の質問に誠心誠意で答えるのである。

「みんなの就職活動日記」でみんな失敗

現在の就職活動は、ネットなしには考えられない。

採用に関する企業からの情報は、各社の採用ホームページや、「リクナビ」「マイナビ」などの就活ナビサイトで公開される。企業へのエントリーなどもネット経由で行われる。告知から選考まで、すべてにおいてネットが使われるというわけだ。

さらには、内定後、入社までの諸連絡や各種会合の出欠も、「内定者サイト」と呼ばれるものを介して行われる。

情報交換の場としてもネットが使われている。代表的なのが、楽天が運営する（数年前に買収した）「みんなの就職活動日記」、通称「みん就《しゅう》」である。

『大学生のためのキャリア講義』（山本直人）　青山学院大でのキャリア講義を書籍化。オンリーワン信仰をウソと喝破。こういう話を学生は知れ。

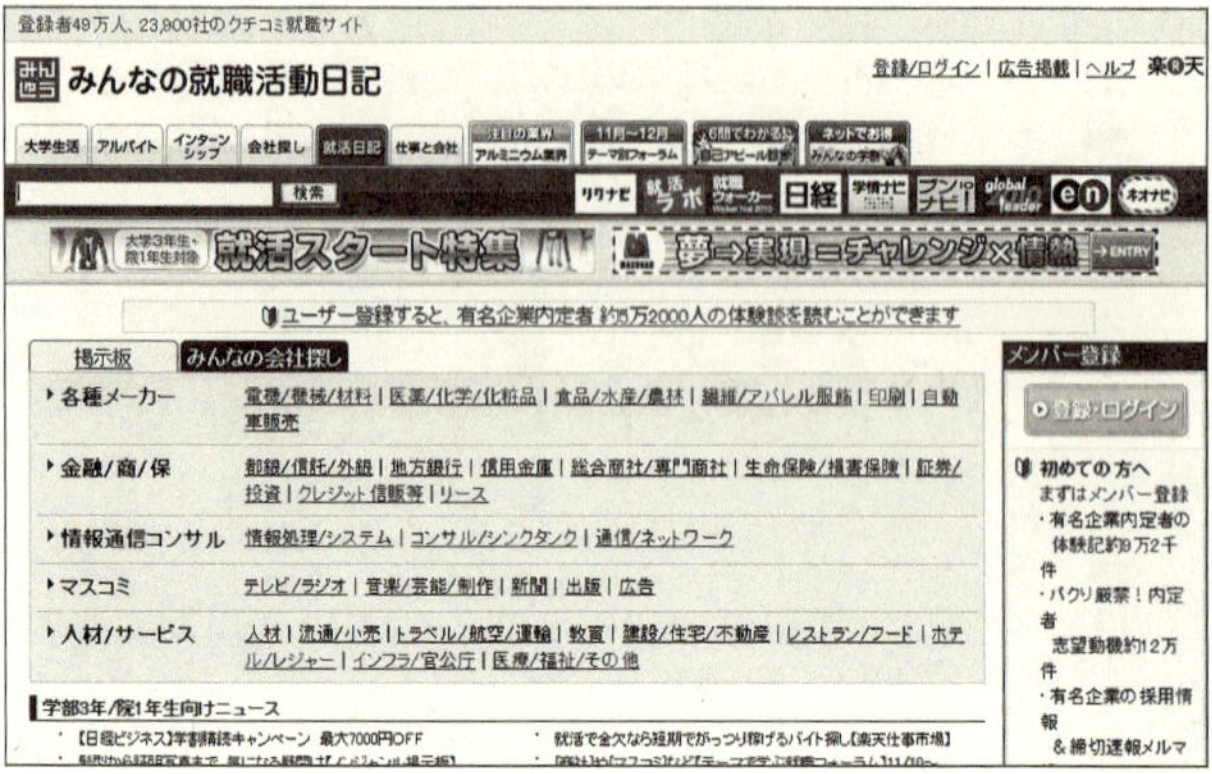

「みんなの就職活動日記」トップページ

ここには、企業ごとの掲示板が開設されており、学生同士の情報交換が行われている。楽天のIDを持っていれば、学生でなくても閲覧することが可能である。よろしければ覗いていただきたい。

他にも、ミクシィなどSNS（ソーシャル・ネットワーキング・サービス）上に開設されている就活コミュニティーなどがある。

大きなコミュニティーでは、参加者数が5万人を超えることもあるという。就活をする学生は最近では毎年40万人弱なので、実に就活生の1割強が参加していることになる。

こういったネット上の掲示板やコミュニティーでは、各種セミナーの開催情報や、参加した感想、選考プロセスで何が聞かれたか、内定が

『「シュガー社員」から会社を守れ！』（田北百樹子）『シュガー社員が会社を溶かす』の続編。会社のお荷物若手社員にならないためにも読破を。

出たかなど、就活に関わるすべての情報が交換されている。

なかには、「人事の社員が感じ悪かった」「プレゼンテーションがつまらなかった」「圧迫面接だった」など、企業にとってのマイナス情報も公開される。ときには、企業の傲慢《ごうまん》な対応に対して、学生の否定的な意見の書き込みが殺到し、「炎上」する。

ちなみに、たいていの企業の人事担当者は、「みんなの就職活動日記」を覗いている。セミナーやホームページなどの各種採用施策が学生にどのように伝わっているのかなどを探っているのだ。そして、「炎上」などが起きていないかなどのチェックも行っている。

もっとも、ネット上で交わされている情報が選考通過に有益か無益かと聞かれれば、無益な情報ばかりだと言わざるをえない。

そもそも、学生はまだまだ情報を見る視点や軸が定まっていない。就活はもちろん、世の中全体に対する知識もない。間違った解釈の情報が発信され、それをみんなが鵜呑《うの》みにし、間違った知識が連鎖していく。

たとえば、一次面接から二次面接に進む人数が学生にわかるわけがない。それなのに、学生の印象から「半分はつぎに進めるようだ」という書き込みがあったとしよう。する

「文庫判地図」シリーズ　昭文社刊。とりあえず買っておけ。迷子癖があるなら、さらに細かい「でっか字まっぷ」シリーズを。

とその途端、「××社の一次面接から二次面接への通過人数は○○人」と既成事実に変身してしまう。

書き込まれている内容も、「学生の不安」が中心で、まったく参考にならない。「こんな質問に、この会社ではどう答えるべきか?」「説明会にどんな服装で行くか、決められなくて悩んでいる」など、「そんなの貴様が決めろ!」「決められない奴は採りたくない!」と言いたくなるような話だらけである。

結局、「みんなの就職活動日記」でみんなが失敗という現象が起きている。これは「2ちゃんねる」やミクシィなどでも同様だと言えるだろう。

暇つぶしで見る分にはいい。しかし、それを、最終選考のときまで必死になって見て、参考にしようとするのは愚かしいにも程がある。

一発芸は宴会でやってくれ

「これから、応援団のエールをやります。フレー! フレー! ○○大!」(学生)

「——。ありがとうございました(となりの部屋では会議をやっているんだけど。迷惑だな、こいつ)」(面接官)

新書コーナー　各出版社が参入し、ジャンルが豊富。ケータイ代に万単位で払うなら、新書を買ってネタ探しをしろ。というか、して(涙)。

面接で一芸を披露《ひろう》する学生がいるという。

これは、社風にかかわらず行われることのようだ。「就職ジャーナル」によると、カタそうなイメージの企業でも、一芸を披露する学生がいるらしい。披露されるのは歌、ダンス、お笑い、手品、空手の演武など、学生が趣味やサークルで取り組んでいたことを中心に、多岐にわたる。

一芸にかぎらない。某食品企業では、その企業の製品を使った料理を持参し、食べさせる例もあった。さらに進化すると、面接やエントリーシート送付時に、研究内容に関する資料を紹介・添付する例もある。これも広い意味では「一芸」と言える。

このような一芸や研究内容の披露は有効かどうか？

人事担当者に言わせれば、正直なところ「反応に困ってしまう」という。自信満々の表情で芸を披露されて、それが寒かったときなどは最悪である。

集団面接の場合、このような学生のインパクトが他の学生に悪影響を及ぼすこともある。自分も何かしなくては、と思ったり、圧倒されて委縮してしまったりする。それくらいで自分を出せなくなる学生も問題だが、迷惑であることはたしかだ。

エコプロダクツ　毎年12月、東京で開催される環境がテーマの総合展示会。一日いれば、環境の専門家を自称できるかも。

「たとえば、エントリーシートに研究資料や企画書を添付する学生はぜんぶ落とします。だって、エントリーシートの他に余計に読む羽目になる。個性を発揮するならエントリーシートに存分に書けばいいでしょう。そのために、定型の履歴書ではなく、エントリーシートにしているのだから。そのことに気づかない学生は鈍感としか言いようがない」（精密機器メーカー・人事部）

「かつて、エントリーシートに手紙を添付してきた学生がいた。採用サイトに登場した先輩社員10人全員に宛てて。さすがに落とすのはしのびなく、特例としてエントリーシート選考は通過させた。でも、どこか感覚がずれていて、二次選考で落とした」（食品メーカー・人事部）

これは面接官の問題でもあるのだが、一芸や研究内容を披露されても、「それがどのくらいすごいのか」がわからないこともよくあるという。

明らかに上手か下手かがわかることもあるが、判断がつかず、やはり困るのが本音である。作品集などを持ち込まれても、面接の時間内に読み込むことはできないだろう。

JAPANドラッグストアショー　ドラッグストアと消費財メーカーなど関連企業の総合展示会。メーカー狙いなら参考に。試供品の多さも魅力。

せいぜい、パラパラと読む程度だ。

もちろん、成功した例がないというわけではない。面接官にちゃんとそのすごさを伝えることができれば、「さすが！」ということになる。

結局、派手さやインパクトではなく、その人の良さ、その人らしさがちゃんと表れるものであればいいということである。

一見、強烈な自己ＰＲに見える一芸。やってもやらなくてもどちらでもいいものであるが、はっきり言えば、「迷惑だ、やってくれるな」が人事担当者の本音のようだ。

苦労したのは君じゃない

「――このような、きびしい家庭環境のなかで、私は育ってきました」（学生）
「そうですか。大変でしたねえ（でも、がんばったのは君じゃなくてお母様なのでは？）」（面接官）

選考の際に、苦労自慢をする学生がいる。特に、家族に関する「泣ける」話をする学生がよくいるという。自分はこれだけ苦労してきた。だから忍耐力がある、がんばり抜

旅フェア　国内最大の、旅行に関する総合見本市。旅行・観光業界と自治体等が出展。いるだけで旅行気分が味わえるかも。

く力がある、などというものだ。

今の学生は、ちょうど親たちがバブル崩壊を経験した世代である。金融機関の倒産などもあった世代だ。湾岸戦争や阪神大震災、サリン事件、同時多発テロなど、社会的に暗い事件を多数経験してきたこともまた事実である。家庭環境においても、親のリストラや離婚などの暗い話はよく聞かれる。

しかし、だ。この手の苦労話エピソードにありがちなのが、よくよく聞くと、がんばったのは親御さんやご兄弟であって、本人が何をどうがんばったのか、何を学びとったのかよくわからないケースが多い、ということである。

これは、先に述べたサークルやゼミに関するエピソードと同じ話だ。みんな、華々しい話や苦労した話をする。大会で優勝した話、変わったイベントを開いた話、サークル内の問題を解決した話などなど。


「それで、君はどうがんばったの?」

「何を学びとったの?」

i-caf'e　9時間ナイトパックVIP席利用で3200円と高料金も、高設備で高評価。秋葉原の店舗は朝食が無料食べ放題。早朝到着の地方学生が重宝。

そのように質問すると、フリーズしてしまう学生や、薄い答えしか返ってこない学生が多数見受けられる。実際には参加者の一人にすぎないケースもある。なんだ、大してがんばっていないじゃないか。

苦労話をすればいいというわけではない。結局、自分がどうがんばったかが伝わらなければ意味がない。

「好き」だけで一点突破しようとする学生たち

「貴社の○○というドラマが大好きで、あのような、人々を感動させるものをつくりたいのです！」（学生）
「そうですか。観ていただきありがとうございます（ただのファンかよ、こいつ）」（面接官）

その商品・サービスや会社そのものが好きで好きでしょうがない学生がいる。これはマスコミやメーカーなどに顕著である。

「貴社の○○という食品を幼い頃からずっと食べてきました。おいしく、栄養満点でパ

comKIOSK（無印良品）　無印良品の駅中（エキナカ）営業店舗。首都圏中心に14店舗。早朝でもワイシャツなどが購入可。有楽町店は朝７時30分から営業。

ッケージも素敵です。私もあのような商品に関わりたいのです」

このように、その商品・サービスに対して、「好きであること」をひたすら発信する。「説明会で出会った社員がとにかく素敵で、このような社員の方と働いてみたいと思いました」「とにかく社風にひかれました」など、会社が好きであることをアピールする学生もいる。

好きであることをアピールしてくれることは嬉しいことではある。面接官をしている社員には、「愛」を重視する社員、あるいは学生からの「熱」に圧倒される社員もいる。しかし、選考というのは、その会社を好きである人を採る場ではない。これから会社で活躍できそうな人材を採る場である。

好きなだけでは決め手にならないのだ。

知りたいのは、「好きな理由の本質」と、それをなぜわざわざ「仕事」や「職場」にしようと思っているのか、ということである。

好きなことを仕事にすると、嫌な部分が見えてしまうことがあるのは言うまでもない。大好きなテレビ番組を担当したところで、不眠不休の作業に嫌気が差すことや、視聴率競争に疲れることだってあるだろう。大好きな商品を担当したところで、その商品の不

ユニクロ　駅中店舗の営業は早く、東京駅（八重洲南口）は８時、渋谷駅（中央口）は８時30分から営業。シャツや下着ももちろん販売。

良在庫の山を見てしまうかもしれない。

それでも「好き」と言えるのか？　その「理由」はなんなのだろうか？　それを「仕事」にまでしたいと思うのはなぜか？

面接官はここを知りたいと思っている。


好きなだけでは問題だと書いたが、あまりにも企業のことを知らなすぎるのも問題だ。面接の場で、その企業の規模を知らない学生、商品の名前を知らず競合他社の商品の名前を答えてしまう学生など、イタい学生は山ほどいる。

好きでも嫌いでもいい。その企業を、これから自分が成長するステージとしてとらえてほしい。そして、「働く理由」を教えてほしい。

「好きだ！」と連呼される側の気持ちも少しは考えてみたらどうか。一方通行の片想いはストーカーと同じくらいイタい。

「体育会は有利」神話

「大学時代はずっとアメフト一筋でした。よろしくお願いします」（学生）

フェデックスキンコーズ　パソコンや大型コピー機を深夜でも使用できるビジネスサポートショップ。店舗によっては写真現像もできる。

「……自己ＰＲありがとうございます（なんかこいつ、眼が死んでいるなあ）」（面接官）

体育会出身であることをアピールする学生は多数いる。一般的に、体育会は就活に有利だと信じられているようだ。

「精神力が強い」「体力がある」「縦社会の組織で生活してきたので、会社員生活に向いている」などがセールスポイントである。面接にわざわざユニフォーム姿でやってくる学生、あるいは持参する学生などもいるようだ。

「体育会限定合同企業説明会」なども存在する。練習、試合などがあるために、就活を満足に行えない体育会学生をサポートするのが狙いだという。

体育会所属学生は、いまや全学生の10％以下であるとも言われ、熱い視線を浴びている。参画した企業の人事から聞いたところによると、「体育会学生が勢ぞろいしている姿は壮観」「思わず体育会風挨拶をしてしまった」そうだ。

では、体育会は本当に有利なのだろうか？

実はそんなことは決してない。「体育会」というプロフィールだけでは評価できない

日経就職ナビモニター　日経就職ナビ登録者が対象。アンケート回答でポイント獲得、溜まると図書カード。アルバイト代わりになると評判。

というのが正直なところである。逆に、彼らを取り巻く環境が負に作用するケースもある。

たとえば、体育会学生は組織に守られて育ったがゆえに、「実は精神的に弱い者も多い」という声が各社の採用担当者から聞こえてきた。

上下関係の厳しさは反抗心さえなければ実は気楽である。服従の意思を示していれば、立ち位置がはっきりしており、あれこれ悩まずに済む。そのため、精神的なストレスはないというわけだ。

それに、何も考えずに好きなスポーツに打ち込んでいた者も多く、実際、そこで何を学んだのかを振り返っていない学生も多数いる。体力があることはたしかに評価できるところではあるが……。

ある企業の人事部の方から聞いたエピソードを紹介しよう。

その企業では、体育会の学生を何人も面接し、採用した経験から、体育会というプロフィールや、スポーツにおける実績だけで採用するのは危険だということを認識したようだ。

なかには、文武両道で優秀な者もいるが、その反対に、スポーツで輝かしい実績があ

採用プロ.com　各社の人事担当者の情報源。各企業の採用活動の動きがわかるサイト。コンテンツは多いが、会員登録が面倒。

るというのに、自信がまったくない学生も多数いて、見ていてイタイタしかったという。たとえば、合同企業説明会で、自信がなさそうな、弱そうな学生が質問してきた。よくよく聞くと、彼は甲子園に出場経験があり、野球が強いことで有名な某大学でレギュラーメンバーとして活躍しているという。

名アスリートで、体育会を極めたものだとしてもこんなものだ。

「体育会の人材＝強い人材」というのは迷信にすぎない。

帰国子女？　だから？

「私はアメリカに6年間住んでいました。そのため、英語は得意で、TOEICは800点台です！」（学生）

「そうですか。英語力がおありなのですね（でも、帰国子女ならそれくらい取れてあたりまえじゃん。英語だけかよ、こいつ）」（面接官）

帰国子女であることを猛アピールする学生がいる。彼らは、海外での生活経験や語学力をウリにし、海外にいたときの苦労話を自慢する。

外資コンサル.com　外資系コンサルティング会社を受ける学生のバイブル的サイト。リーマンショックで外資人気はどうなる？

企業の人事は帰国子女をどう評価しているのだろうか？

実は、帰国子女であるだけではまったく有利にならない。いや、帰国子女を優遇して評価するのは大間違いであると言う人事担当者すらいる。体育会同様、プロフィール情報がまったく当てにならないらしい。

まず、ＴＯＥＩＣのスコアだが、これは英語圏での海外生活が長ければ高得点は取れてあたりまえだろう。ＴＯＥＩＣは、海外でのビジネス会話などを元にしたものなので、少しの知識と生活経験があれば高いスコアは簡単に取れるものだという。９００点以上もざらにいる。

しかも、総合職の場合、語学ができるだけでは仕事にならない。会社が求めているのは、通訳の仕事でもないかぎりは、語学ができる人ではなく、仕事ができる人である。

それに、「海外での生活経験」といっても、これもまたピンからキリまである。

通っていたのが現地校か、日本人学校なのかでもまるっきり環境が異なる。それから、家族ぐるみで行っているということ。異国の地に家族で赴《おもむ》く場合、家族の絆《きずな》は相当強い。逆に言うと、ファザコン、マザコンの人間も多い。なかには、ファザコン、マザコンどころでない、依存症とも言うべき重症の学生もいる。

就活模試　ネットでSPIに似た問題を受験、成績により志望企業の偏差値が判明。SPIの練習と話のネタにはなるか。

つまり、「海外という異なる環境で育ったから強い」とは言い切れないのだ。

そして、彼らは偏差値の高い大学に通っているケースが多いことも特徴である。というのも、各大学の帰国子女枠の受験は入りやすいことで有名だからだ。逆に、SPI（適性検査の一つ。多くの企業が実施している）は苦手なのも特徴である。国語力、数学力の部分は相当低いスコアが出てしまうこともよくあるという。

しかし、見る目がないダメ人事は、「アメリカ在住10年、大学は慶応で、TOEIC900点以上。これは優秀そうじゃないか！」などと勘違いするわけである。そして、入社させてみてびっくりということになる。

誤解なきように言うが、私は帰国子女を差別しているわけではまったくない。ただ、「帰国子女」ということで良く見えがちになってしまっている状態に警鐘《けいしょう》を鳴らしたいのだ。

さらに言うと、「帰国子女」にも、「自分は帰国子女だから外資系か商社」というような、安易な就活をしてもらいたくないと思っている。

帰国子女にかぎらず、プロフィールだけで決めつける採用活動、就職活動はそろそろ終わりにしてはどうだろうか。

テープの達人　ニチバンから発売のテープのり。従来型のように引くだけでなく、スタンプのように押して貼れるので細部でも簡単。

「最後に何か質問は?」にどう答えるべきか

「最後に何か質問はありますか?」（面接官）
「いや、特にないです」（学生）
「そうですか……（ダメだな、こいつ）」（面接官）

面接の最後に、学生が企業に対して質問する時間を設ける企業が増えている。ここでの質疑応答を通じて、学生に企業をより深く知ってもらい、不安、疑問を解消することが第一目的であるという。

面接はよく「お見合いの場」だと言われるが、その通り。互いに確かめ合う場なのだ。わざわざ最後に「何か質問は～」と聞くのは、「ちゃんと聞きたかったことを聞けた」という満足感を持ってもらう意味がある。言いたいことを言って、聞きたいことを聞けたら学生の満足度も上がる。企業の立場からすれば、「就職人気企業ランキング対策」にもなる。

さらに言えば、「何か質問は～」には裏の目的もある。

名刺　ジョブウェブが友人紹介キャンペーンで25枚を無料制作。それか、パソコン・プリンターでつくる程度でも十分の声。

その質問を通して、「この学生はどんな価値観を持っているのか」「企業をどのようにとらえているのか」などの「本音」を垣間見ることができるのである。その本音を企業は知りたい。だから、「何か質問は～」と聞くのだ。

刑事ドラマを思い浮かべてほしい。刑事が犯人に話を聞くとき、実は肝心なことは聞かないことが多い。犯人のほうはボロを出すまいと必死になって取り繕っているからだ。それをわかっている刑事は適当に話を聞いて、「ご協力ありがとう」と終わらせる。そして、犯人がホッとした瞬間に、「そうそう、最後にもう一ついいですか？」と本題を切り出す。気の緩《ゆる》んだ犯人は思わずボロを出し、事件解決につながっていく。

面接での「何か質問は～」はこれと同じだ。

この投げかけは、真のコミュニケーションスキルが問われる部分でもある。自己紹介や、企業の面接官が用意した質問に答えることは、練習をすればなんとかなるかもしれない。面接が短時間の場合はそれほど突っ込まれることもないだろう。しかし、自分から質問をし、会話をするということは、それよりも高いコミュニケーションスキルが求められる。

学生はこの場で、配属や勤務地の希望が通るかどうかや、入社した理由、仕事のやり

クリップボード　説明会では大概、机がなくてメモを取りづらい。でも、クリップボードがあれば便利。というか、メモはちゃんと取っておけ。

がいなどの質問をする。社員は正直に答えつつ、このやり取りで学生の素《す》の人柄、働く価値観、コミュニケーションスキルなどを知ろうとする。

なお、この「何か質問は～」に対して、「必ず質問すべきである」と強調する就職コンサルタントがいる。「質問できなければ、そいつは落ちる」とまで言い切っている。

私はこの説には半分反対である。たしかに、「特にないです」と言い切ってしまう学生よりは、質問できる学生のほうがいいかもしれない。

では、つぎのケースはどうだろうか？

人事「最後に何か質問はありますか？」

学生「私は結婚・出産後も仕事を続けたいと思います。御社には育児休暇の制度はありますか？（これで私の熱意は伝わるはず）」

人事「……（労働基準法で育児休暇制度は義務化されているんだけど、そんなことも知らないのか）」

むしろ、質問したことで逆効果となってしまった。

リングノート　クリップボードが嫌ならこちら。マークスのデイズブランド・リングノートは表紙が厚く、どこでもメモ取りが楽。

もし、どうしても質問したいことがなかった場合は、面接の感想を言うのも手だ。

学生「特に質問はありません。今日は面接官の方にどうやったら笑っていただけるか、それを考えながらお話させていただきました。何回か笑っていただいたので、自分としては成功だったと思います」

特にない、よりははるかにいい印象を持ってもらえるのではないだろうか。

感想よりもやや落ちるが、面接に対するお礼も悪くはない。

質問しなかったからといって、杓子定規的に落とされるわけでは決してない。とはいえ、せっかく企業の第一線で働いている人にいろいろと話を聞けるチャンスでもある。その企業を強く志望しているのなら、質問くらいしておいたほうがいいだろう。

そして、この部分も見られているということは、学生にとっては意外かもしれないが事実である。これこそが、実は最大の質問なのだ。

伊勢丹写真室　内定の取れる写真館として有名。シミあとを消すなどの修正あり。「写真と本人が別人に思えた」の評も。

＊

さて、ここまで、学生の典型的な就活での失敗例、イタい様子を見てきた。

それでは、このイタい学生たちを抱える大学は、就活とどう相対しているのか？　あるいは、どのような対策を考えているのか？

実は大学こそが就活の早期化を招いている元凶《げんきょう》との論もある。そこで、つぎの章では、その実情を探っていきたい。

ディーバ　東京・千駄木にある写真スタジオ。ヘアメイク込み、さらに全サイズ対応で撮影。アナウンサー・キャビンアテンダント志望者の間では有名。

《第1章のまとめ》

◆学生はエントリーシートで「御社の跳ぶように売れている賞品」と表現します。

◆自己分析は「電気のように明るい性格のテレビっ子」を量産します。ラジオっ子はそれほどではありません。

◆面接で珍しさを出したいのであれば、「趣味は女装、日常会話はビスラマ語、修行僧経験あり」くらいは言いましょう。

◆面接官は納豆が嫌いです。「納豆のようにねばり強い人間です」と表現する学生はもっと嫌いです。

◆ある学生の勝利方法を真似すると、「勝利の方程式」ではなく「敗北の方程式」が完成します。

◆「就活に有利な資格がある」と主張する人には、就職問題を語る資格はありません。

◆企業説明会で採用担当者に「年収はいくら?」と聞くと、担当者は脳内でその学生を虐殺します。

◆一発芸は面接でやると不人気者です。入社後の宴会まで取っておくと人気者になれます。

◆「大好きです」と話す学生と「よくわかりません」と話す学生は、同じように落ちていきます。

第2章　大学にとって「就活はいい迷惑」

現在の大学が抱える「ジレンマ」

大学関係者にとって、就活は実に腹立たしい存在だ。

大学4年生のゼミ担当教員はこう憤《いきどお》る。

「学生は就職活動に振り回され、ゼミ合宿も『就活が優先だから』と参加しない。卒業論文もきちんと書けない。本当にいい迷惑だ」

大学2・3年生の科目を担当する教員も憤る。

「6月頃からインターンシップの選考でそわそわ、秋は企業説明会。1月以降は説明会に書類準備に面接ともうダメ。一年中、就活優先。ろくに講義を受けようとしない」

大学1年生の新入生ゼミ担当教員はどうか。

「大学当局が就職を意識させるキャリア科目の導入を進めて、新入生ゼミにもそうした

北海道大（北海道）　学内に映画館をつくる北大映画館プロジェクトが学生の就活にプラスと評判。銀幕が学生を育てるらしい（ホント？）。

要素が含まれるようになった。それはそれで悪くないけど、学生らしさを失うだけではないか」

おやおや、全学年とも評判が悪いようだ。

これが、大学職員となるとやや事情が異なる。

「面倒。それに、就職支援は大学職員の仕事ではない」と消極的な職員もいれば、「就職実績は受験生集めに有効だからしっかりしないと」と積極的な職員もいる。

そもそも、大学にとって就職支援は主業務ではなかった。１９９０年代までは、私立大はまだしも、国立大で就職を担当する部署のある大学は筑波大などごく少数であったくらいである。

それが、２０００年以降に急増、私立大も今までの就職課をキャリアセンターに改称、就職支援だけでなく、資格取得の手助けや低学年のうちに職業観を意識させるキャリア教育なども行うようになった。

背景には、就職率の大幅な低下と、保護者の就職に対する意識の変化がある。

１９９２年に８１・３％あった大卒の就職率は、その後、右肩下がりで低下。２００

千歳科学技術大（北海道）　光科学に特化した学部のみの単科大。慶応・理工学部出身の教員多数で就職も抜群。あとは知名度向上を。

3年に55・1%まで下がってようやく底を打った。

就職率が低下したのは、不景気により、各企業とも採用者数を絞ったためだ。

就職率が低下しても、大学進学率は1990年の30・6%から2003年には44・6%まで上昇する。

その間、保護者の意識は、

「大学ならどこでも同じ」

「偏差値ランキングを元にした大学選択で外れなし」

から劇的に変化する。

学費負担者である保護者は、

「学費は出す。その代わり、ちゃんと就職させてくれるのか」

「就職実績が低いなら受験させない」

と、やたら就職にこだわるようになった。

そして、この保護者の意識の変化に高校教員もつられて、やはり就職実績を気にするようになった。

こうなると、大学にしてみれば主業務ではなかったはずの就職支援に力を入れざるを

東北大（宮城県）　元・リクルート社員を担当者として招聘（しょうへい）。OB・OGとの交流機会としてサンクスギビングデーを始めるなど変身中。

えない。そこで、私立大はパンフレットでやたらと就職率や就職実績を誇示するようになった。あるいは、国立大は就職担当部署を新設するようになった。

もっとも本音では、

「なぜ就職まで大学が面倒を見なければならないのか」

という思いがある。特に国立大ではいまだに、

「大学は高等教育の研究機関。研究者養成が主たる業務だろう」

と信じている。

その例として、東大のキャリアサポート室が挙げられる。それまでバラバラだった就職支援を大学単位で担当する部署として２００５年に設置。これは事実上の就職課である。大学のホームページにも、「各学部等の就職支援を補完するセイフティネット機能」として、設置した旨を出している。

しかし、このホームページにはつぎのような文章も掲載されていて実に興味深い。

「東京大学」は、日本で最高峰の「リサーチ・ユニバーシティ」です。民間企業や公務員を目標として就職活動を始める前に、「各分野の第一線の研究者として活躍する」


会津大（福島県）　コンピュータに特化したユニーク大。英語による講義・論文執筆などで首都圏のIT・電機・印刷などの大手企業が常に注目。

ことも視野に入れ、自分の能力や可能性を最大限に引き出せる進路選択を行ってください。

就職支援を目的とした部署が「就職するな」とも読める文章を掲載しているのには理由がある。学内の教員は、いまだに大学院進学者より就職者を下に見ている。あるいは、就職支援を大学の業務とすることに否定的である。

だからこそ、東大初の就職担当部署は「就職課」でもなく「キャリアセンター」でもない、「キャリアサポート室」なのである。この名称なら、就職支援だけでなく大学院進学を含めた進路支援をする部署、と言い訳することが可能だからだ。

就職支援そのものには積極的な私立大でも、「なぜ就職に振り回されるのか」という思いは強い。

ある私立大の就職課長はつぎのように憤る。

「バブル経済期まで、就職活動の時期は4年生の夏休みか、それより少し前にスタートしていました。それが早期化に次ぐ早期化、長期化に次ぐ長期化で、3年生の秋には始

筑波大（茨城県）　開学当初から国立大では珍しく就職課を設置。それを長年、他の国立大が見習わなかったのはどういうことか。

まっています。インターンシップやキャリア教育なども含めれば、1年生からスタートしていると言ってもいいでしょう。学生は入学と同時に就活に振り回されています。そのせいで、講義やゼミ、実習がきちんと受けられない事態もあちこちで発生しています。これは教育権の侵害もいいところです。企業や就職情報会社は反省するどころか、さらに早期化、さらに長期化を進めている。大学としては本当にいい迷惑です」

それでも、大学は就職支援に力を入れなければ受験生が集まらない。受験生が集まらなければ、大学の存続は難しい。

これは、本来は安泰だったはずの国立大・公立大でも事情は同じだ。かくて、どの大学でも就職支援に力を入れるようになる。結果として、就活の早期化・長期化に手を貸すことになる。

そのことを大学関係者はわかっている。でも、止められずジレンマに陥ることになる。

徹底支援、熱血支援と言うけれど……

「うちの大学はこれほど熱心ですよ」と、受験生集めのために、どの大学も就職支援策

独協大（埼玉県）　外国語学部を中心に、キャビンアテンダントなど航空業界への就職は抜群。客室乗務員講座なども古くから実施。

を強調する。しかし、そのわりに、熱の入れ方は差が激しい。

熱心・不熱心さの目安の一つは、就職課（キャリアセンター）のオープン時間である。総学生数に対して職員数が十分である大学は、オープン時間は長くなる。不熱心な大学だと職員がそもそもあまりいない。その職員もやる気がないから、「仕事が増えるのはご免」とばかりにオープン時間は短くなる。

地方の単科大では、平日でさえもオープンする曜日とクローズになる曜日がある。それでいて、「徹底した就職指導」と宣伝しているのは羊頭《ようとう》狗肉《くにく》、サギもいいところだ。ま、地方の単科大は職員数を増やしたくても増やせないから仕方ないとも言える。それでも、就活時での不利は否定できないが。

地方の単科大と違い、職員数を十分に確保できるはずの大都市圏・総合大もピンキリである。私が最近訪問した関東のX大は、ホームページや大学パンフレットで就職支援のことをこう宣伝している。

「徹底した個別相談と細かい支援で『就職のX』の実績を挙げています」

我が子の就職が気になる親にしてみれば、実にグッとくるキャッチフレーズである。

では、この大学の就職課のオープン時間はどうなっているのか。

東京大（東京都）　卒業生との交流会「知の創造的摩擦プロジェクト」を2005年から開催。いろいろと話を聞ける好機も、参加は数百人程度。

平日…………10時〜17時（ただし11時半から14時半までは昼休みにつき閉室）
土曜…………10時〜12時
日曜・祝日…閉室

5学部・学生総数5000人を抱える総合大で、昼休みの3時間をはじめ、閉室時間の長さはひどいのではないだろうか。それとも、その昼休みの間に就職支援のための英気を養っているとでも言いたいのか。

当の学生にしてみれば、「そんな暇があるなら、就職課のオープン時間をもっと長くしてくれ」と文句の一つも言いたいに違いない。

念のため、受験生に紛《まぎ》れてオープンキャンパス（大学説明会）に参加、就職課職員による就職支援の説明プログラムがあったので出席してみた。

オープンキャンパスの入場口でやたら明るい学生スタッフが渡してくれたパンフレットには、「就職課熱血職員が『就職のX』の理由を語ります」とある。

自分で熱血と言うからにはさぞすごいのだろう、と期待して参加すると、どう好意的

東京工業大（東京都）　卒業者ベースの就職率はわずか10〜20%。残りはほぼ全員が院に進学、院卒就職率は最強の国立理工系大。

に見ても熱血とは言いがたい、疲れ果てた中年男性が来た。

我が子の進学に悩む保護者に違いない、最近では保護者のオープンキャンパス参加も増えているのだから、と考えていると、なんとこの中年男性が就職課職員であり、就職支援を説明する講師役だという。

熱血職員であるはずの同氏は、熱血とも冷血ともほど遠いぼそぼそ声で就職事情の説明を始めた。

「えー、大学の役目とは高等教育機関でありまして……」

わずか30分しかないプログラムでいきなり大学とは何かを説明し始めた。付言すると、大学教育に関する学会でも大学全体の概要説明でもない、就職支援に関する説明プログラムである。その後も、大学教育の意義説明は止まらない。

この職員が熱血かどうかは価値観もさまざまなのでまだ我慢しよう。しかし、「X大の就職支援」の話をほとんどしないのはどういう了見か。

「ちょっと時間も押していますので、詳しい説明はパンフレットを読んでください」

というすばらしい文句が出てきたのは終了5分前である。この時点で、プログラムに参加していた受験生・保護者、それから私も、ほぼ全員がぶち切れている。こんなくだ

東京学芸大（東京都）　教員養成の専門大学。就職資料は教員採用関連が多い。就職相談員として教育委員会出身者が来ることも。

らない話を聞かされるのであれば、参加しないほうがまだましだったからだ。

自称・熱血職員の迷演説はまだ続く。

「この間、金融業界についての質問をもらいました。ご説明しますと、うちは金融業界への就職者数も多いです。よく、就職実績の良し悪しを判断する目安は金融業界への就職者数、なんて言われていますが、その点、うちは多いほうだと自負しています」

多いというわりに、パンフレットには就職者数が公表されていない。ということは、大して多くないのである。

「今日の講師の方は代役か何かか」

と学生スタッフに終了後、聞いてみた。すると、

「いいえ、就職課の職員です。パンフレットの『熱血』は言いすぎかもしれませんが、でも熱心な方ですよ」

とのこと。

おいおい、言いすぎにもほどがあるだろう、と学生スタッフを責めるほど私はひどい人間ではない。とはいえ、この「熱血職員」に徹底指導される学生が就活でどこまで勝負できるか、と考えると同情を禁じえなかった。

東京海洋大（東京都）「船」と「魚」が統合してできた国立の「海」専門大。水産・食品・物流など、海に関する業界では就職が相当強い。

この自称・熱血職員のように、就職課職員であるのに、やる気のなさを体現した職員が存在するのも大学の不思議なところである。

公務員と同じように、ローテーションで人事異動があるため、就職指導に熟知した職員を他部署に飛ばしたり、事情がまったくわかっていない職員を起用することも珍しくない。

大学の就職課が使えるかどうか。この判断はちょっと難しい。あえて言えば、就職課のオープン時間と職員数、職員のうちキャリアカウンセラーが何人いるか。

キャリアカウンセラーは、大学によってはウリにしているところもある。

もっとも、内実をバラすと、キャリアカウンセラーは一時期、比較的楽に取得できた資格であり、その肩書きが「就職のプロ」を保証するとは言いがたい。が、何もないよりはまだましである。

大学によっては、キャリアカウンセラーの資格は取得していないが、学生の相談に夜中までつき合うなど、やたらと熱心な就職課職員もいる。

結局、資格の有無で判断するのではなく、自分の目で確かめるしかないということか。

電気通信大（東京都）　某広告会社とよく誤解される国立理工系大。テレビ業界の技術職採用になぜか強い、マスコミ業界輩出大学。

就活は大学1年から「始めさせられる」

少子化の時代となり、いまや大学は全入時代に突入した。推薦入試、ＡＯ入試（推薦入試の変化球という理解で間違いない）の枠も広がり、２００８年には大学生の実に４３・４％はこれらの方法で入学している。受験競争という言葉は上位校を中心にあるにはあるが、もはや死語になりかけている。

人事担当者は言う。

「エントリーシートを読んでいても、浪人している学生のほうが圧倒的に少ない」

くり返すように、学生の確保、もっと言うと受験生の確保は大学経営の生命線である。そのための手段の一つが、前の項目でも述べた「就職支援」だ。就職状況が良ければ、学生が集まる要因となる。

そこで、就職支援を強化するべく、各大学では就職課をキャリアセンターなどに改称した。単に就活を支援するだけではなく、低学年から就職を意識させるキャリア講義なども展開、ニート・フリーター対策にもなっているので、「就職課」ではなく「キャリアセンター」というわけだ。

これまでは大学職員のみだったところも、キャリアカウンセラーを常駐させ、学生か

青山学院大（東京都）　元・博報堂の山本直人がキャリア講義を担当。「〝なりたい自分〟のウソ」などが白眉。答えは講義でどうぞ。

らの相談に常にのれるような体制をつくっている。資料や情報を検索するパソコンなども大量に用意し、スタッフについても、民間企業出身のOB・OGなどを招いて構成しているケースもよく見受けられる。

もちろん、採用実績のある企業に対する挨拶まわりも欠かせない。大学によっては、就職課主催の企業向けパーティーを開催しているケースすらある。

さて、その就職課では、学生向けの各種就活サポートを行っている。

よくあるパターンが、大学3年になると、学年全体向けのキャリアガイダンスがあり、その後、自己分析講座、面接講座などの各種講座が開かれるというもの。

秋以降には、業界研究会、企業説明会と称した、企業を招いてのセミナーが開催される。並行して、学生の個別相談も受けつける。大学によっては、全員必ず一回は個人面談をすることが義務づけられているケースすらある。

なお、キャリアガイダンスが1年生のときから始まる大学も見受けられる。キャリアについての基礎的な考え方に関するレクチャーが中心ではあるが、就活は大学1年から「始めさせられる」。

学習院大（東京都）　学芸員養成に強み。ただし、受験生には「就職先はあまりありません」。この正直さを他大学は見習うように。企業就職も好調。

リクルートスーツだらけの大学内企業説明会（写真はイメージ）

ちなみに、大学によっては、業界研究会、企業説明会など、企業による説明会には必ずリクルートスーツで参加しなければならない、などの決まりがある。3年生の10月～12月という時期でも、教室内はリクルートスーツだらけ。

もちろん、これには「早くリクルートスーツ慣れしてほしい」というような意図もあるのだが、やらされ感が感じられなくもなく、気持ち悪い。でも、早く慣れるためには仕方ないのかもしれないが……。

就職課が主催する変わったイベントでは「就活合宿」なるものがある。

これは、日大や立命館大などで行われ

慶応義塾大（東京都）　ゼミで「無意識下の就活」、しかも卒業生組織「三田会」が日本最強。でも、勘違い学生が発生し、コケることも多い？

ている。泊まり込みでOB・OGとの対話などを行い、気合を入れ、働くイメージを高めていくというものである。

「そこまでするのか？」「過保護なのではないか？」と思うかもしれないが、これが現在の実態なのだ。

では、このような就職課の指導は的を射ているのだろうか？

就職課は、「就職課に通う学生」からは評判がいい。最近の就職課は設備も整っているし、熱心なスタッフが誠心誠意でカウンセリングなどを行ってくれるからだ。

ただし、就職課自体は現在の指導方針に悩んでいる様子である。

個別のキャリアカウンセリングなどはあるものの、活動の多くはマス的なセミナーである。むしろ、就活に対して不安で不安でしょうがなく、単にたくさんの知識を仕入れただけという、「お行儀の良い学生」が大量生産されているとの批判もある。

そのような学生を企業は欲しがるだろうか？

とはいえ、無為無策、待ちの姿勢でいるわけにもいかない。

就職課自体も今後のあるべき姿に悩みつつ、今日も学生に対してセミナーやカウンセ

国学院大（東京都）　どうしても神主になりたければ神道文化学部。希望すれば、どこかの神主にはなれるはず。普通の就職はまあ普通。

リングを行う日々が続くのである。

「うちの就職課は使えねえ」

私が就活取材で全国の大学を回ると、どの大学でも間違いなく、学生から就職課への敵意、というか悪感情を聞く。

「うちの大学の就職課は使えない！」

これはなにも、就職支援に不熱心な大学の話だけではない。どんなに手厚く就職支援をしている大学であっても例外ではないのだ。

これまで述べてきたように、大学の就職課は学生の就職活動を支援する部署である。だから、活用次第ではまたとない就活の応援団となるはずだ。

そのため、大学の就職課職員にとっては、どうにかして学生を就職課と学内セミナーに呼び込むことが使命となる。

「大学主催の就職セミナーはうちだと１・２年生対象が年１回。３年生は夏休み前から冬にかけて６回開催します。これにぜんぶ来てくれる学生はある程度、安心して見てい

国士舘大（東京都）　救急救命士を養成する体育学部スポーツ医科学科は学内に救急車あり、消防庁OBなどが支援。学科名変更を希望。

られます」

こう話すのは、関東の中堅私大の就職課職員。

なぜ、就職セミナーに皆勤すると、就職課職員は安心なのか。

「話を聞いてくれれば、就活の土台はある程度できます。手前味噌ですが、そういう設計にしています。仮に、4年生秋になっても内定が取れず、全滅状態だったとしましょう。皆勤してくれた学生には、どこがまずかったか聞いて、『セミナーのとき、ここに気をつけるよう言ったよね。忘れていない?』と話せば、学生もどこがまずかったか、きちんと把握してくれます。立ち直りが早く、就活にも復帰しやすい。内定も取れます。ところが、セミナーに来ていない学生が4年生秋になって泣きついてきた場合、どうでしょうか。土台ができていないから、一から教えなくてはならない」

その結果、時間がかかってしまう。4年生秋から就活に復帰する場合、卒業までの時間との勝負になる。しかし、基礎をつくっていくだけで時間がかかるため、内定まで行

国際基督教大（東京都）　小規模ながら国際公務員を多数輩出。早稲田・明治・立教・法政の類似学部設立攻勢に耐えられるか。

かないか、内定を取れても希望にそぐわないケースが多いという。

　では、なぜ就職課を敬遠する学生がどの大学にも出てくるのか。学生に話を聞くと、どうも原因は職員よりも学生にあるようだ。

　たとえば、つぎの学生などはその典型である。

「個人面談があって、就活の相談をした。そのとき、志望業界の話をしたところ、『志望動機がちょっと甘いんじゃないか』と言われた。人間性を否定されたも同然だ。もう少し、言い方があるだろう」

　かくて、この学生の脳内では、「就職課＝人間性を否定するひどい人々」が確定し、そのことを吹聴《ふいちょう》して回る。何人かの後輩学生はそれを真に受けてしまい、食わず嫌いで就職課に寄ろうともしない。

　別の大学の就職課職員も、似たような話はいくらでもあると説明する。

「ちょっと調べればすぐわかることを調べようとしない、ちょっと考えればすぐわかる

芝浦工業大（東京都）　私立理工系トップクラスとして就職に強み。キャリアサポート課には「キャリア仙人」が登場し、応援。好物はスルメ（本当）。

ことを考えようとしない、それでいて、『どうですか、どういうことですか?』とやたら答えを求めたがる学生が増えています。私は学生の就活を応援してあげたい。でも、甘いことばかり言うのでは、本人のためにはなりませんよね? だから、ときには厳しいことも言います。すると、『人間性を否定された、就職課なんてイヤだ』ですからねえ……」

この話を広報課職員に振ると、おもしろい分析が返ってきた。なお、同氏は就職課に在籍していたこともある。

「それは広報課にも原因があるかもしれません。大学、特にうちのような私立大は、受験生集めのためにサービスを尽くします。お客様扱いですね。推薦入試志望者には摸擬面接の機会を用意しますし、一般入試志望者でも入試解説会を開催したり、入試問題集までタダで配ります。大学によっては、オープンキャンパスに参加するだけで交通費を支給したり、豪華な景品を配ったりもします。それで入学して、講義でも大学の先生はうるさいことは言いません。すると、就職課職員にはじめてきついことを言われること

白百合女子大（東京都） 経済系学部がないのに、金融業界就職者が数十パーセントを占める。その多くは一般職採用という女子大の典型。

になります。当の学生にしてみれば、今までちやほやされていたのに、就職課ではその扱いを受けることができず、ショックのあまり『就職課なんて使えねえ』になるのでしょう」

かくて、全国の大学の就職課職員は、学生をどうやって就職課に呼び込み、就職セミナーに参加させるか苦労することになる。

私も、就職課職員の何人かから、「学生にはどの程度きついことを言えばいいのか」と聞かれ、返答に窮《きゅう》したことがある。

もっとも、就職課の段階で甘いことを言われ、気分が良いままだったとしても、就活本番ではきついことを言ってくれる人がいないまま敗退することになる。むしろ、そちらのほうがきついに決まっている。

「うちの大学の就職課は使えない！」

そう言う前に、一度か二度くらいは行ってみてはどうだろうか。

専修大（東京都）　1980年から女子学生向け就職支援講座を開始。「就職予備校大学」の別名も、他大の就職支援策活発で埋没の一途。

学歴差別はわざとか、それとも結果論か

大学教職員を悩ませるのは、「うちの就職課は使えない」という学生の思い込みだけではない。特に準難関以下の私大にとって悩ましいのが、「学歴差別（学校歴差別）」である。

就活で、学生はやたらと学歴差別を気にする。

合同企業説明会や学内の説明会で、人事担当者が学生から受ける質問はこのようなものだ。

「うちの大学からは採ってくれますか？」
「決して偏差値が高くないのですけど、大丈夫でしょうか？」
「過去の採用実績校にうちの学校がないのですが」
「OB・OG名簿をキャリアセンターで見たのですが、一人もいないみたいなのです」

なかには、もっとストレートに、「うちのような三流大学でも採用してくれますか？」と聞いてくる学生さえいるという。

玉川大（東京都）　東京都などの教育委員会と連携、実習先の確保や学生の教育ボランティア派遣などを実施。教員就職がさらに強固に。

不思議なことに、学歴差別を気にするのは、差別されて損をする東洋・駒沢クラスの中堅私大や地方大にかぎらない。差別されて得するはずの東大・早慶の学生も気にするらしい。

ま、彼らの場合は、気にするというよりも興味がある、と言ったほうが正しいだろう。中堅私大の学生からすれば嫌味な話ではある。

結論から言おう、「学歴差別は多少あり、ただし学生側に原因多し」だ。

まずは、企業側の事情から説明していく。

公務員（特に国家公務員Ｉ種）で東大が相当優遇されているのは有名な話だし、金融業界も、東大・早慶など難関大出身者が多数を占めている。

某大手保険会社の総合職採用は、明確に学校差別を行っていることで有名だった。名目上は自由応募になっていたが、選考の際には学校名による選別を行っていて、採用基準に当てはまらない学校名のエントリーシートはすべてダンボール箱ごと処分していた（もちろん、個人情報管理の関係で、期間をおいて処分するルールではあったのだが）。

自由応募を信じてエントリーシートを一生懸命書いた学生はかわいそうである。

中央大（東京都）　インターンシップ支援が強固。難関資格受験者向け施設「炎の塔」や学部別図書館などといった施設の充実も、要は立地条件から？

このように、表向きはオープンなスタンスをとっておきながら実は学歴差別を行っている企業は、金融業界にかぎらない。企業イメージや採用スタンスとはまったく関係なく、一見善良そうな企業が行っているから注意が必要だ。

たとえば、教育関連の出版社、人材ビジネス会社などは、企業メッセージとは裏腹に、学歴差別の常習犯である。

当然、学歴差別採用は行っていることがわかると槍玉《やりだま》に挙げられるので、それをカモフラージュする手段を用意することもポイントとなる。

たとえば、SPIはよくカモフラージュの道具に使われる。

エントリーシートの選考や面接とセットで、SPIなどを実施する企業は多数ある。「面接やエントリーシート、SPIなどで総合的に判断します」などと、もっともらしいことを言っているが、実際にはSPIの点数をまったく考慮していないケースや、SPIの上位者以外は大学名で切り捨てているケースも多々あるというわけだ。

また、学歴差別採用は日本の大企業だけではない。学歴差別とは無関係、と学生が信じて疑わない外資系企業のほうが実は顕著である。

外資系企業は人事スタッフが少ないケースも多く、採用活動に手間暇をかけられない

東洋大（東京都）　大学全体でも珍しい、インターンシップの学内説明会を開催。あとは学生のおとなしさをどうにか変えたい。

実情がある。そのため、学校名による選別を初期段階で行うことにより、採用効率を高めているのだ。

さらには、日本国内での他社との関係を強化するべく、上位校のなかでも学校を選ぶ傾向さえある。

ある外資系の医療関連企業では、「必ず慶応と一橋からは内定者を出すように」という指示が飛んだ。なぜ慶応と一橋かというと、経済界の要人にＯＢが多数いるからである。

では、そもそもなぜ学歴差別は存在するのか？

実は、採用する側からすれば、難関大の学生は二重の意味で「外れがない」。もちろん、難関大の学生は、入学前に大学受験というハードルを越えてきている。難関大だからそのハードルは高い。受験勉強も一生懸命しなければならない。

その結果として、大学受験に成功、難関大に入学している。この成功体験は、中堅私大出身者にはない。

社会に出れば、つぎつぎと新しく、そして高いハードルが目の前に立ちふさがる。企

東京都市大（東京都）　OB会の大反対を押し切って、女子短大と統合し校名変更（2009年予定）。OB会と和解しないでの就職支援は大丈夫？

業としては、そのハードルを越えようとする社員が欲しい。難関大の学生は、一度はハードルを越え、そのための努力もしている。ならば、入社させても「外れはない」というわけだ。

そうは言っても、難関大だろうが中堅大だろうが、企業に合わず、ミスマッチしてしまう学生も出てくる。入社してからすぐ辞めてしまうケースも多く、その場合、

「なんであんな奴を入社させたのだ？　うちの人事は何をやっている」

と大問題になる。

このとき、出身大が東大などの難関大であれば、

「いや、東大出身者だから大丈夫だと思った」

との言い訳が可能である。

外れの人材であっても、言い訳には「外れがない」。

この点、中堅私大や地方の無名大出身者だと、

「聞いたことのない××大だろ？　よくそんなの入れるよなあ」

と言われてしまい、人事担当者も言い訳ができない。

こうした事情があるため、学歴差別をしているときわめて効率が良いのだ。

東京農業大（東京都）　日本食研社長がOBなど、食品業界に影響力大。理系の良さを享受できる事実上の文系学部も設置、こちらも就職は好調。

「プレジデント」２００８年10月13日号に掲載された「人事部の告白」という採用担当者の座談会には、その一端が表れている。

流通　そうはいっても有名大学の学生が有名企業に入りやすいという構図は今も変わっていない。東一早慶の学生は結果的に有名企業に入っている。企業としても大学に入るまでの努力は評価すべきだと思うね。それをまったく考慮しないという学歴不問採用は絶対に嘘だよ。

電機　（中略）今までのように東一早慶だけに偏りはしないが、学歴が大きな目安であることは間違いないし、企業から見たら安心感がある。大学に入るまでに努力して勉強したわけだし、しかもちゃんと卒業できるという人は最低限の安心感がある。

この特集では、難関大だけでなく、中堅以下の私大についても指摘している。一刀両断とはこのことだろう。

東京理科大（東京都）　単位取得の厳しさは大学でも有数。それがかえって企業からの評価を高めて、就職にも強い私立理系トップ校。

化学　とにかく大学の数が多すぎるよ。少子化が進んでいるのに大学だけが増えるというのはおかしい。就職に関しても大企業に入れるのはせいぜい日東駒専《にっとうこません》クラスまでだ。正直言ってそれより下の大東亜帝国《だいとうあていこく》クラスの大学はすぐ潰すべきだろうね。はっきり言ってムダだよ。そのクラスに入る学生というのは大学に学びにいこうというより四年間遊びにいこうという考えじゃないか。ましてや聞いたこともない大学もたくさんあるが、そんなところに行かせる親も悪いよ。

食品　確かに面接や筆記試験を見ると、大学で遊びまくっていたとしか思えない学生が無名大学に多い。

電機　日東駒専クラスまでなら、いい学生も中にはいる。あえて厳しいことを言えば、それ以外の大学に行くなら社会に出て働いたほうがいい。労働力人口が少なくなる中で四年間遊ばせておくのは社会的に損失だよ。

付言すると、「日東駒専クラス」とは日本・東洋・駒沢・専修の四私大を指す。関西だと「産近甲龍《さんきんこうりゅう》」と言って、京都産業・近畿・甲南・龍谷の四私大が「日東駒専」と同クラスとされる。

日本大（東京都）　理工学部の土木・建設業界就職者数は日本有数。しかし、キャンパス数日本一の弊害で外部には伝わらず。

そして、「大東亜帝国クラス」とは、この「日東駒専」「産近甲龍」よりも偏差値がやや下の大学群の総称である。具体的には、大東文化・東海・亜細亜・帝京・国士舘などが該当する。予備校によっては、これに拓殖と桜美林を含め「大東亜拓桜《たくおう》帝国」と呼ぶこともある。関西だと「摂神追桃《せっしんおうとう》」と言って、摂南・神戸学院・追手門学院・桃山学院などが該当する。

話を戻すと、この座談会に参加した人事担当者は、日東駒専・産近甲龍までならまだ採用に値する人材はいるが、それより下の大学にはいない、と明言している。

最後には、「社会に出て働け」とまで言っている。おそらく、大東亜帝国クラスの学生読者の方はショックだろう。しかし、これが偽らざる人事担当者の本音である。

こうした本音に対して、学生はどうなのか？　それをつぎの項目で説明したい。この時点で「学歴差別主義者の本なんか読みたくない」とむかっ腹を立てている学生読者よ、もう少し我慢されたし。

日本女子大（東京都）　学生がお互いに面接し合う模擬面接体験、通称「面接ごっこ」を2004年から実施。意外な欠点が見つかるかも。

「学歴じゃんけん」に負けていじける低偏差値学生

最近では、新卒採用において、エントリーシートなどに学校名を記入させない会社が増加している。リクルートの調査によると、その割合は実に4割にも達しているという。

こうした企業で難関大以外の出身者が増えたかといえば、そうではない。

1990年代後半に、トヨタやソニーは学校名を書かせないエントリーシートを導入して話題になったが、ふたを開けてみると、結果として上位校だらけだったという。学校名を不問にし、門戸を開いても、残ったのは上位校だったというわけだ。

どうしてそのような現象が起きるのか？

ここで、少し私個人の話をしよう。

私は2年間浪人して、東洋大という中堅私大に入学した。ま、はっきり言えば、大学受験では負け組である。これは、認めよう。

私が卒業した高校は北海道内ではそこそこ有名な進学校であり、今思えば、難関大に合格した同級生はたしかに勉強をしていた。

それに引きかえ、私は勉強をがんばる代わりに、二浪の中盤までは本とマンガの読破

日本社会事業大（東京都）　福祉の東大。福祉を志すなら下手な福祉系大学・学部よりここがおすすめ。厚生労働省委託の変り種大学で学費も安い。

に勤《いそ》しんでいるだけだった。

二浪の夏頃にさすがにまずいと思い（なにしろ、中学生レベルの英単語も怪しかった）、自分にしては一生懸命に勉強したところ、なんとか東洋大に合格した、という次第である。

その半年間の猛勉強も、高校の同期に言わせれば、

「だって、勉強したと言っても一日に8時間とかそんなもんでしょ？　俺なんか、高3のときは15時間くらい勉強してたぜ。お前のは勉強したうちに入らない」

とのことなので、まあ普通に勉強した、と言うほうが正確かもしれない。

くり返すと、大学受験においては、私は難関大を受験し不合格だった。その点においては負け組である。

ただ、そのことに引け目を感じたり、難関大の学生や出身者を異様に持ち上げたり、あるいは逆恨みする、いわゆる学歴コンプレックスは持っていない。

もし、難関大に合格できなかったことで恨むとすれば、それは他でもない自分しかいない。高校の同期が勉強しているなか、本とマンガに時間を割《さ》いていたのは自分である。

要するに、努力していなかったから、その結果が現れただけだ。

法政大（東京都）　キャリアデザイン学部教員を中心に日本キャリアデザイン学会を設立。就活のことも大真面目に研究しているらしい。

つまり、大学受験においては負け組だった、他の分野では勝ちを目指そう、と完全に割り切っている。それに、難関大の学生と出身者が人として優れているかといえば、まったくの別問題でもある（こう書くと、やはり学歴コンプレックスを持っているじゃないかと非難を浴びそうなので深くは語らないが）。

さて、どうして学歴差別の項目で私個人の話をしたのか？　それは、中堅私大や地方大の学生はどうもこの点を割り切っておらず、ぐずぐずしているからである。

たまたま受験勉強に不熱心だった、あるいは、熱心であっても力及ばず難関大に合格できなかった。それだけのことを、大学生にもなってぐずぐず言っているのはかなり見苦しい。

このぐずぐずぶりは、集団面接（学生数名を一度に面接する選考方法）やグループディスカッション（5〜7名程度のグループでディスカッションをさせる選考方法）などでも目立つ。

各自が自己紹介を行うときの模様は、言うなれば「学歴じゃんけん」状態。

なぜじゃんけんかといえば、他の学生の大学名を聞くたびに緊張したり、逆に余裕の

武蔵野美術大（東京都）　美大のせいか、企業説明会も変化球多数。ワークショップ形式の説明会あり。元・住友商事の就職課長が名物。

表情になる様子が見て取れるからだ。

たとえば、グループディスカッションの自己紹介で、一番目の学生が、

「亜細亜大学３年の山田です」

と言った瞬間、他の学生はホッと胸をなでおろす。

しかし、つぎの学生が、

「東京大学３年の鈴木です」

と言った瞬間、緊張感が走る。

なかには、面接のプロセスでも、「こんなすごい大学の人が集まっていて……」ということを学生自らがコメントすることすらあるという。

要するに、企業側で差別・区別を行う前から、学生自身の学歴コンプレックスは依然として渦巻いているのである。

「学生」による「学生」の差別が、差別される側の学生の劣等感を加速させ、優位にある大学の学生には根拠のない自信が増幅していく。

大学３年生秋の企業説明会には、必ずつぎのような質問が学生から出てくる。


明治大（東京都）　中央大と組んで就職本『納得の内定』を刊行。OB・OG名簿をきちんと保管・公開しているのも学生にはありがたい。

「自分は○×大学なのですが、足切りされたりしないのでしょうか?」

「学歴差別は、実際のところあるのですか?」

なかには、企業説明会の司会役である採用担当者に出身大学を聞く者も出てくる。そこで難関大の名前が出ると、「やっぱりなあ。うちの大学とは違うよなあ」とため息をつく。

採用担当者にしてみれば、そこに感心されても困る。会社の事業内容に感心してほしいのに……。

採用担当者に聞ける学生はまだいい。ひどいのになると、就職課職員に愚痴をこぼす。聞かされる方にしてみれば、自分の勧める大学のことを、

「受験で失敗したから仕方なく入学した」

と言われ、その暴言にぶちきれるべきか、なぐさめるべきか悩むことになる。

ある中堅私大の就職課職員はこう説明する。

「うちの学生は、どうせ偏差値が低いから、という自己暗示にかかっている。基本的に

立教大(東京都)　低学年向けのキャリア科目「仕事と人生」が評価大。カリスマカウンセラー・小島貴子が准教授となったこともプラス材料。

すべり止めで受けている学生が多く、入りたくて入った学生は少ないという事情もある。入学した瞬間から投げやりになる学生も少なくない」

別の中堅私大の就職担当助教授も意見は同様だ。

「関東の大学でいうと、MARCH《マーチ》クラス（明治・青山学院・立教・中央・法政クラス）以下の大学生は、少なからず学歴コンプレックスを持っているでしょうね」

私も、大学と学生の取材を長年続けているが、ほぼ同意見である。特に文系学部は、偏差値が下がるほど、いじけ度が反比例して上がっていく。

さらにひどい学生だと、大手企業を受けよう、という発想すらなくしてしまう。

中堅以下の私大のいじけ学生が中小企業を目指すのは、強い動機があるからでも業界研究の結果からでもない。

「どうせ大手企業を目指しても受からない。適当な中小企業でいいや」

といううしろ向きな理由からである。

早稲田大（東京都）　キャリアセンターをサークル部室等のある厚生棟に移転し、利用者激増。学生の来やすい場所への移転が吉。

こうした学生が、大学で勉強でもサークルでも遊びでもアルバイトでもなんでもいい、何か打ち込んだことがあるかといえば、特にない。

企業研究に一生懸命でもないし、日本経済新聞を読んでいるわけでもない。雑誌など、マンガと趣味の雑誌をたまに読む程度。

これでは、難関大の学生に逆転しようとしても無理である。採用担当者からすれば、

「大学に入ってからいったい何をやっていたのか」

ということになる。

こうして、低偏差値大の学生は自滅していくのである。

慶応・理工系大の「無意識下の就活」

学歴差別を助長するのは、差別されている低偏差値大の学生ばかりではない。難関大の学生も同様である。

ある学生団体による女子学生のための就活支援イベントの告知文には、そのイベントを運営している女子学生による、つぎのようなコメントが載っていた。

「東大、一橋大、東工大、早慶・MARCHに通っている、意欲の高い女子学生限定の

横浜市立大（神奈川県）　民間出身者・菊地達昭の就任により就職支援が一変。一連の大学改革は、他はともかく就職面だけはプラスだったかも。

イベント」

「上位校に通っている人＝意欲の高い人」との解釈もできる文脈である。

しかも、その参加大学をよく見ると、お茶の水女子大、津田塾大、日本女子大などの女子大が入っていない。女子大の地盤沈下を象徴するエピソードと言えなくもない。「私の大学は○×大学には負けていないと思う」などの、学校名を根拠とする優越感が上位校の学生には少なからずあるようだ。後述するが、その優越感が足元をすくうこともあるのだが……。

ところで、偏差値の高い大学のなかでも、「特に就活に強い」とされている大学が慶応大である。

といっても、大学の就職担当部署が熱心というわけではない。熱心どころか、就職課、あるいはキャリアセンターなど、他大のような就職担当として独立した部署がない。三田キャンパスでは、学生総合センターのなかに「進路・就職担当」が置かれているだけである。

いまどき、就職支援に不熱心な国立大でさえも就職課を新設しているというのに、完

神奈川大（神奈川県）　１年生から就職適性検査を実施するほど熱心。神奈川県内では経済界からの評価大。学生の内向性改善次第では大逆転も。

全に時代に逆行していると言っていいだろう。

この慶応が、就活となると評価が実に高くなる。質問の意図もきちんと理解して答える「同じ学生とは思えないくらい大人びている。

（商社・人事部）

べつに、偏差値が高いから大人びているのではない。実は、慶応の学生は、就活の前に「無意識下の就活」をしているのだ。

それはこういうことである。

文系学部の学生は主に1・2年生が日吉キャンパス、3・4年生が三田キャンパスに属する。最初の2年間は遊んでいる学生も、3年生になると途端に変わる。なぜなら、その多くがゼミ（研究会）に所属するからだ。

ゼミは単位として認定されているが、その活動は単なる大学の講義の範疇《はんちゅう》を越えている。ほとんどのゼミは、学会や弁論大会、論文コンテストなど、外部との交流を積極的に図っているのである。その準備にも相当時間をかけさせるし、指導だなんだということで、ゼミの卒業生が頻繁にゼミに出入りする。

OB・OGが、社会人の卒業生にしてみれば子どもっぽさの残る学生に、

文教大（神奈川県）　3年生は進路カードを提出、回収の前にはキャリア支援課職員と面談。面倒でも効果大と評判。

「そういう言い方は目上の人間を怒らせるだけ。それとも、俺のことバカにしてる?」などと怒ることも珍しくない。

大学教員の言うことには反発する学生も、なぜか先輩学生や卒業生の言うことはすんなりと聞く。小言がないわけではないにしろ、社会の第一線で働く卒業生と接していれば、感じるものがあるのは当然だろう。

学会や大会などで大学外に出て行けば、慶応以外の学生とも交流するし、学生にかぎらず社会人とも交流することになる。

このような、卒業生や外部との接点が多いことが「無意識下の就活」である。つまり、学生は社会と接することになり、単一の大学だけでは得られないコミュニケーション能力を身につけていくことになる。

いざ就活を迎えると、異なる大学、異なる世代との接点が極端に少ない学生（実に多い）はとまどうことになるだろう。なぜなら、就活ではじめて、異なる大学、異なる世代とコミュニケーションしなければならないからだ。

その点、慶応生はゼミ活動によって慣れている。他の学生がどこかぎこちない話し方をしているなか、慶応生は実にスマートに話す。

新潟大（新潟県）　首都圏での就職支援のため、東海大と連携。東海大の就職行事等に参加も可能。でも、東海大生はどうする？

「さすが慶応ボーイ、慶応ガールだ。なんとスマートな」と、事情を知らない採用担当者は誤解するが、内実をバラせばなんのことはない。ゼミ活動、すなわち「無意識下の就活」期間に、一度や二度はしどろもどろになったり、ぎこちない思いをしている。その失敗経験を就活の本番では活かしている、というだけなのだ。

もちろん、ゼミ活動は就活を意識したものではない。ただ、異なる大学、異なる世代との接点が、何もやっていない学生より増えることは間違いない。その副次効果が「無意識下の就活」なのである。

この慶応と同じく、「無意識下の就活」を展開していると言ってもいい大学が、理工系大学だ。

特に、社会人学生の多い豊田工業大学、企業出身教員の多い芝浦工業大学、金沢工業大学、研究目的の外国人留学生・研究者の多い東京農業大学、東京海洋大学などは、偏差値の高低に関係なく、就職にも強い。

個々の大学の取り組みは省略するが、慶応と同様、外との接点がきわめて多いのだ。

金沢工業大（石川県） 偏差値などは無関係。学生支援策は自他ともに認める日本一。卒業者の半数以上は大手企業就職か公務員。

それから、理工系大学の場合、実験機材などが多いこともあり、研究スペースが広いことも、人間関係の涵養《かんよう》に一役買っている。

文系学部の場合、大学教員には研究室が用意されても、学生には用意されない。研究室のなかにテーブルを入れ、そこでゼミを展開する大学・ゼミもなくはないが、実に狭い。少なくとも、学生が気軽に出入りできる、というほどではない。

これに対して理工系大の場合、ほとんどの大学で学生に個人用ロッカーが用意されている。大学教員の研究室も、教員が研究するスペースと教員の下に付く学生・大学院生用のスペースは別に用意される。

東京農業大学などはもっとすごい。

おそらく、ほとんどの研究室には、大学教員の研究するスペース、大学院生・学生の研究するスペースの他に、大学院生・学生が食事・休憩をするスペースが別々に用意されている。食事・休憩スペースには、冷蔵庫（それも一台だけでない！）、コンロ、炊飯器、電子レンジなどが完備されている。炊飯器など一升炊を用意している研究室もある。

そのうちの一つ、国際食料情報学部国際農業開発学科の熱帯作物保護学研究室では、

名古屋大（愛知県）　就職支援では特筆なし。ノーベル賞受賞者続出で「就職せずともノーベル賞狙える」と学内沸き立つとの噂。本当？

食後に洗い物・片付けをする東農大生。これも「無意識下の就活」

週に一回、昼食会を実施しており、研究室所属の学生は原則として全員参加となる。

昼食は、所属する学生・大学院生が交代でつくる。学生によると、おおよそ40人分を朝9時頃からつくるらしい。片づけをするのも、もちろん学生だ。

「おいしいときもあるし、おいしくない、と言うよりも悲惨なときもままあります」

と、研究室を率いる夏秋啓子教授は笑う。

つまり、研究室に所属する学生は、サークル活動などに参加せずに引きこもろうとしても、引きこもれない。嫌でも、他の学生・大学院生や留学生、教員などと接点を持つことになる。

こうした大学では、偏差値の高低と学生の

豊田工業大（愛知県）　年度別の就職先から会社規模までを正直に公表。トヨタグループだけでなく、自動車・電機などにも強み。

就活結果は別物となる。

法政大のスパルタ講座「ペットボトルをしまいなさい」

この「無意識下の就活」は、文系大学・学部でも広がりつつある。かなり早い段階で実施しているのは、法政大の自主マスコミ講座だ。

これは、大学教職員と卒業生を中心に、マスコミ就職を目指す学生を指導する課外講座である。もともとは、「マスコミを志望しても、なかなか内定できない。なんとかして応援しよう」との発想から誕生したらしく、今年（２００８年）で21年目を迎えた。

あくまで課外講座であり、大学の正規の単位にはならない。なのに、志望者はきわめて多く、講座を受講するには選考会に参加しなければならない。

選考は筆記試験（雑誌「新聞ダイジェスト」から時事問題などを出題）と面接であり、選考会ならびに講座は、スーツ着用が義務づけられている。

基礎コース（1年生対象1クラスと2年生対象2クラス）と3年生対象の5コース（アナウンサー、新聞・報道記者、出版、放送、広告）に分かれ、それぞれ2～3倍の倍率をくぐりぬけなければならない。

京都産業大（京都府）　失敗も成功も書かせる電話帳並みの就職活動体験記は、下手な就活本より効果大。関西圏の学生は京産生から入手すべき。

選考に合格しても、内容は相当にスパルタである。私が第一回目の講座をたまたま見学したときのことだ。

第一回ということもあり、内容は予定説明とガイダンスである。学生にしてみれば、厳しい選考会に通過したこともあり、どこか浮《うわ》ついている。

すると、ペットボトルを机の上に出しっぱなしにしていた学生が怒られた。

「講師が話をしているというのに、机にペットボトルを出しっぱなしにするとはどういうことですか？　講師への礼儀が欠けています。すぐしまって、以後は出さないように。他の諸君も同様です」

指摘された学生はあわててペットボトルをしまった。

いまどき、ここまで厳しく学生に言える大学はそうそうあるまい。

別の機会に2年生のアナウンサーコース（2008年に新設）を取材すると、講師役は同講座OBのテレビ局アナウンサーだった。

同志社大（京都府）　異なる業界を組み合わせたコラボセミナーが意外な高評価。学生は「自分が考えていなかった企業を見つけた」。

「アナウンサーになりたいのなら、なってから何をしたいのか考えないとダメ。考えない奴がなれるわけがない（中略）これから課題をやってもらうけど、つまらなかったらつまらないとはっきり言うからね」

などとこちらも厳しい。

取材した日は学生に自己紹介をさせていた。途中でツッコミを入れるなどなごやかに進めていたが、ひと通り終わると、誰の自己紹介が印象に残ったか、みんなに投票をさせた。もちろん、人気のある学生、そうでない学生がハッキリ分かれる。

「ほら、簡単な自己紹介でもこういうふうに優劣がつくでしょ？　本番ならちょっとした優劣でも命取りになる。今日、他の人にアピールできなかった人は、この結果を悔しがって、変えていってほしい」

自主マスコミ講座はこうした厳しさもあり、毎年、平均すれば5人から10人がアナウンサーに採用され、他のマスコミ企業にも相当の実績を残している。

立命館大（京都府）　立教・京都産業と並ぶキャリア教育最先端大学。内定者・卒業生の活用はここが元祖。キャリアセンターは資料も充実。

おそらく、偏差値が同じ立教大や明治大などよりは抜群に高いと言ってもいいだろう。アナウンサーでは、元フジテレビで現在はフリーの小島奈津子、ＴＢＳの蓮見孝之などが有名である。

この法政大自主マスコミ講座は、今ではこれ目当てに法政大を志望する受験生もいるほどだ。開講当初は「マスコミ対策なんて」と冷笑的だった他大もその効果は見逃せず、同様の講座を設置する大学も出てきた。

東京経済大では、マスコミにかぎらず卒業生主導による就職支援がある。卒業生による就職講演や交流会などがあり、希望する学生は、マスコミ、金融、流通など、どの業種のイベントに参加してもいい。さらに希望者には、合宿セミナーや半年間にわたるキャリアプログラムも用意されている。

経済学部では、金融キャリアプログラムが２００７年から実施されている。これは、金融業界のＯＢ会「葵《あおい》金融会」がバックアップしている。定員は30人の少人数制であり、受講すれば、葵金融会のメンバーによる講義や就職指導が受けられる。

初年度には１３０人が応募、本気で金融業界に入りたい、という学生を選抜した。一年間の特訓のかいあって、ほぼ全員、内定が決まったそうだ。

大阪工業大（大阪府）　理工系大学の社長輩出数は日本一（本当）。最初はキワモノ扱いだった知的財産学部も評価上昇中。

金融業界の大先輩に話を聞く東京経済大生

難関大への学歴「逆差別」

慶応大の「無意識下の就活」と同様の取り組みとして、東京農業大、法政大、東京経済大の三大学を紹介した。

しかし、ここで読者は不思議に思うかもしれない。

「大学外との接点が多いことが『無意識下の就活』なんでしょ？　だったら、べつに大学の取り組みにこだわらなくてもいいのではないか」

まったくその通りである。異なる世代・異なる大学との接点が多いのであれば、なにも大学主導の取り組みにこだわる必要はまったくない。

追手門学院大（大阪府）　大学の最寄駅・茨木市駅前と大阪城の近くにそれぞれサテライトオフィスを設置。就職支援がさらに活発に。

同じ学生でかたまりがちなサークル活動も、他大学や卒業生との交流が盛んなサークルであれば、一定の効果は期待できる。

あるいは、「親戚付き合いがやたらと多く、月に2回は親戚の誰かと会ったり、子どもの面倒を見ている」「町内会活動に強制参加させられている。毎月の例会のあとの飲み会では、オジサン役員にお酌《しゃく》して回る羽目に」「おばあちゃんが認知症。そのため、家族で面倒を見ている。ときには老人ホームに連れて行き、他のお年よりともしょっちゅう話をしている」などの事例も、「無意識下の就活」と言っていい。

そんなのおかしい、と思われる方もいるだろう。特に社会人の読者は奇異《きい》に思われるかもしれない。しかし、それなら試しに就活中の学生に聞いてみてほしい。

「親以外で、接点のある社会人は何人いるか?」「小中高の同級生以外で違う大学の友人は何人いるか?」

おそらく、びっくりするほど少ない。せいぜい、大学内の気の合う友人とつるんで遊ぶ程度。しかも、サークルなどの集団行動は趣味といえども嫌がる。それが今の学生の多数派だ。

だからこそ、「無意識下の就活」をした学生はたとえそれが親戚付き合い程度であっ

関西大（大阪府）　卒業生の再就職支援をする卒業生就業支援室を2005年に設置。将来、リストラ失業しても安心か。

ても強い、と言えるのである。

この「無意識下の就活」をこなし、それから、難関大への過剰なまでの負け組意識を捨て、十分に企業・業界研究をしておけば、偏差値の高低など吹っ飛んでしまう。

それどころか、むしろ、中堅私大や地方大のほうが有利になることすらある。

それはどういうことか?

採用者数が一定数以上ある規模の企業だと、特定の大学出身者のみに偏《かたよ》るのは好ましくない。なぜなら、企業は特定の大学のみを業務対象としているわけではないからだ。年齢層、地方、バックグラウンド、それぞれ多種多様な顧客を相手とする。そのため、出身大学や学部はばらけている必要がある。

繊維大手メーカーの帝人が1994年に刊行した『嘆くな、ぼやくな大学生』には、「採用会議実況中継」という章がある。

結構、本音が出ているので引用してみよう。

藤本　地方の国立大学には、「おっ。これはこれは」というおもしろいのがいる。

早川　でも大半は地元志向が強い。東京がキライ、という気持ちもわかる気がするけ

摂南大（大阪府）　日本経済新聞社と連携した半年間の講座を2007年に開講。新聞の読み方、企業人講演などで意識改革につながるか。

ど。

柴谷　残念なことだ。住めば都なのに。

清　特定の大学、たとえば今出た早稲田ばかりから採るわけにはいかない。だから早稲田の応募者が二百人いて、五人しか採らないとすると競争率は四十倍。これに対して地方の大学は五～六倍になっている。

（※人名はいずれも採用担当者）

同じことは、別の企業の採用担当者も証言する。

「ボーダーラインに東大・早慶といった難関大の学生と中堅私大・地方大の学生がいる場合は、後者を優先します」（電機メーカー）

「受験勉強をがんばって難関大に合格した努力は評価したい。大学受験に失敗して、そこからいじけず魅力ある人物に成長した学生も同じように評価したい」（銀行）

「大学受験の失敗を引きずる中堅私大の学生も見苦しいが、大学名をやたらと鼻にかける難関大の学生にもイラっとする。あんなのを採用して客先に出しても、『エリートさ

関西学院大（兵庫県）　立教大・琉球大との合宿、東京女子大と組んでのセミナー開催など、就職支援でも他大との連携に積極的。

バスに乗って、いざ就活の準備を！（関西大の東京ツアー）

んは偉そうだよねえ』と嫌味を言われるだけ。雇う気になれない」（建設）

難関大の学生にしてみれば、「逆差別」と憤るかもしれない。

こうした事情に加え、地方大や、在京企業への就職でやや不利な関西圏の大学も、近年は支援策を強化している。

たとえば、金沢工業大は、東京・名古屋・大阪に就職学生専用のバスを延べ100便運行、費用負担を軽減している。

また、この金沢工業大や立命館大・関西大・関西学院大などは東京に就活支援拠点を設け、企業訪問の待機場所として使えるようにしている。

広島大（広島県）　キャリアセンター設立は国立大では相当早い1998年。キャリア講義の展開も積極的。あとは学生の内向性改善が鍵か。

さらに、関西大では、「見る！知る！考える！　東京ツアー」と称して、就活が本格化する前の時期に、在京企業や中央省庁などの見学ツアーを実施している。就活本番より前に実施することで、東京の空気に慣れ、不安感を減らすことが目的のようだ。

同様のツアーは関西の他大学でも実施している。


一方、上位校でも決まらない人は決まらない。

2008年の夏には、京大生の女性が自身のブログ（「女。京大生の日記。」）に「京大に入ったというのに、まわりには就職が決まらない人がたくさんいる」という趣旨の記事を書いた。

「超売り手市場と言われる新卒就職市場においても、就職するのに四苦八苦する高学歴就職難民たち。（中略）彼、彼女らを自己責任だといって、見てみないふりをしてもはたしていいのだろうか？　高学歴就職難民が生じる背景には、資本主義がポストフォーディズム資本主義へと移行しているにも関わらず、教育内容が、時代遅れであるという大きな1つの原因があるように思う」

と、高学歴でもコミュニケーション能力等が低ければ就職難民になる、と指摘した。


安田女子大（広島県）　広島大キャリアセンター長だった田中秀利がキャリアセンター長に赴任。地方で苦戦する女子大の一変なるか。

それに対し、ブログ「404 Blog Not Found」を運営する小飼弾《こがいだん》氏が反論。同氏はアルファブロガー、すなわち、影響力のあるブロガーの一人である。

同氏は、「学校ってバカを治療してくれんのか」と反論。

「そもそもこの21世紀に『高学歴＝エリート』と思い込んでいるのがイタい。京大には毎年３０００人も入学する。東大はそれより少し多い。他の大学も比べれば、仮に『学力＝就職力』と見なしても、自分と同程度の『力』を持つ奴は１万人程度はいるということになる。少なくとも学校を出た時点では、君たちは『その他大勢』に過ぎないんだよ。しかし、これはあくまで定量的な問題。定性的な問題として、高偏差値大学の卒業生というのが、その時点では『人が作ったゲームの高得点者』に過ぎないということがある。（中略）たしかに人の作ったゲームを懸命にプレイしていればいい時代もあったし、そういう分野も残っている。しかし今求められているのは、ゲームそのものを作れる奴か、最高得点以上の点数をとっても最高得点分の給料で満足してくれる奴のどちらか」

と、ばっさり斬っている。

この小飼氏の意見に関するブログの記事がネット上に乱立。京大生のブログにもコメ

高知大（高知県）　2005年から実施の「自律協働入門」をはじめ、社会と連動した科目を多数開講。学生が驚くほど成長すると評価大。

ントが多数書き込まれ、「炎上」状態となった。

それだけ、「学歴と就職の関係」はみんなの気になるテーマであるのだろう。

偏差値が高いから、東京だから、と有利な点にあぐらをかいていると、「逆差別」にあって足元をすくわれるかもしれない。くれぐれもご用心を。

＊

さて、ここまで、大学の就職支援や学歴差別について見てきた。学生も大学も、それぞれ悩み苦しんでいる現状がご理解いただけたと思う。

それでは、学生、ならびに学生を応援する大学のことを、企業はどのように見ているのか？　あるいは、学生にとって謎としか言いようのない企業の採用活動とはどのようなものなのか？

次章ではそれらの点を明らかにしていきたい。


筑紫女学園大（福岡県）　4年生が週2回、昼休みに就活体験談などを話す先輩リレー講座を実施。ニッチ利用と気楽さが受けて好評。

《第2章のまとめ》

◆多くの大学関係者は、就職支援を風俗・スキャンダルの類より恥ずかしい存在と考えます。

◆昼休みを3時間取っていても「就職支援に熱心」と大学は主張します。

◆熱心・不熱心に関係なく、学生は「うちの就職課はダメ」と断定します。

◆「日東駒専クラスより下の大学に行く価値なし」と企業関係者は考えています。

◆慶応生は「無意識下の就活」によって評価されています。でも、当の学生は偏差値の高さが評価されたと勘違いします。

◆理工系大・東農大など、ゼミ活動が盛んな大学は慶応生と同レベルです。ただし、当の学生は気づいていません。

◆企業説明会でもペットボトルを出しっぱなしにしない法政大生は、礼儀正しさが評価されます。

◆難関大生をあえて敬遠する「学歴逆差別」も存在します。京大生はその差別にいじけてしまいました。

第3章　企業の「採活」真相はこうだ

新卒採用担当者のお仕事

この章では、企業の「採活《さいかつ》（採用活動）」の裏側を、各社の人事担当者や、就職情報会社関係者への徹底取材による証言からまとめてみた。

採活の実態は、「知られざる闇」であるがゆえに、学生の間ではさまざまなデマや憶測が飛び交う。「真実」をレポートすることにしよう。

まずはじめに、新卒採用担当者の仕事を簡単に紹介することにする。

新卒採用担当者は人事部の一員である。たいていの会社の人事部には、採用、教育・研修、労務管理、人事制度企画などの機能がある。企業によっては、それぞれの機能が各カンパニーや事業部に分散しているケースもある。

新卒採用担当の人数は、企業規模や採用目標人数、その企業の採用活動への力の入れ具合によって異なる。なかには、採用担当が人事部の他の仕事を兼務しているケースもあれば、十数名のチームになっているケースもある。

新卒採用の場合、新人も含む若手社員からベテラン社員まで、バランスよく配置されていることが多い。新人や若手を投入するのは、学生の気持ちを理解しやすいため、ま

旭化成　持ち株会社・事業会社の採用は一括窓口で受付。単身赴任でも14回まで家族居住地への旅費支給。社員思いか、転勤多いだけか。

た、学生からの共感を得るためである。
企業にもよるが、新人や若手は、特に優秀な人材、人間的魅力にあふれた人材が投入される。それは、新卒採用が、常に社内からも社外（学生）からも「見られる」「問われる」ものであるためだ。

一般的な採用のプロセス

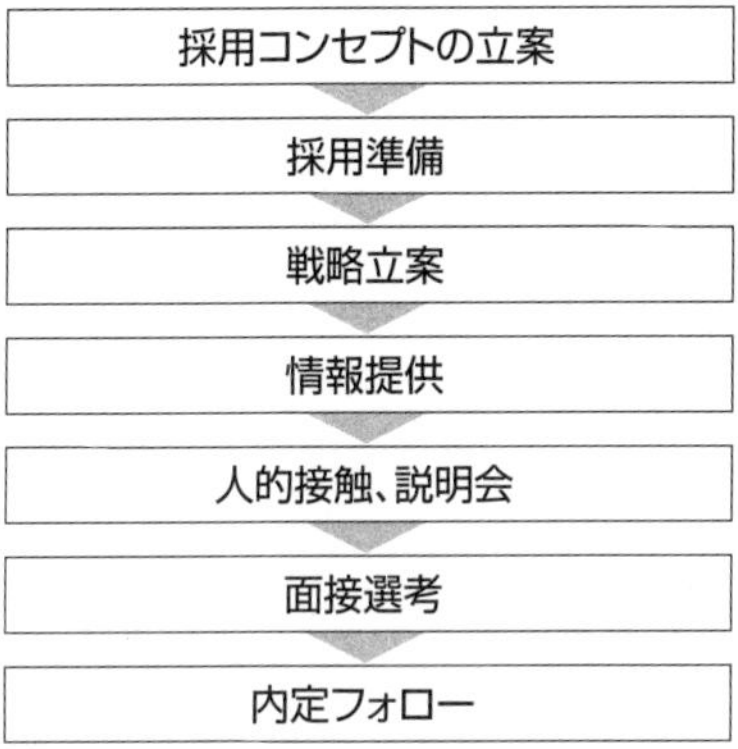

さて、新卒採用担当者は、上図に示したような一連の採用プロセス全般を担当していく。
主な部分についてはのちほど紹介するが、ひと言で言うと、「企画するのも、営業するのも仕事」である。
つまり、採用に関わる戦略や戦術の立案や、ホームページや入社案内などの制作を担当する「企画」の仕事もあれば、大学に対して働きかけ、学内での企業説明会実施を実現させるなどの「営業」の仕事も存在する。

旭硝子　世界最大のガラスメーカー。プラズマ用ガラスは世界シェアの70％を独占。液晶用ガラスでもシェア拡大中。育児休暇は法令以上に充実。

「営業」といえば、内定を出した学生をフォローする「内定者フォロー」もそうだ。採りたい学生を逃がさないために、懇親会の実施や先輩社員との面談など、あの手この手を使ってフォローする。

さらには、採用に関わる数々の社内調整という「営業」の仕事だってある。

その一方で、就職情報会社からの「営業」を受けるのも新卒採用担当者の仕事である。各企業からナビサイトや合同企業説明会などの提案を受け、料金交渉などをしつつ、検討する。

このように、新卒採用に関するあらゆることを行うのが、新卒採用担当者の仕事なのである。

ちなみに、新卒採用担当の立場の強さは企業によって異なるようだ。人事はあくまで裏方であり、各カンパニーや事業部の立場が絶対的に上である企業もあれば、人事を含めた管理部門の力が強い企業もあるという。

企業の採用戦略はこうやって決まる

採活とは、「人材（財）」に関わることであり、「ヒト・モノ・カネ」という、企業の

アサヒビール　選考の途中で人事との飲み会あり。他にも、先輩社員に1対1で話を聞く機会もあり。意外な話が聞けるかも？

三大資源に関わることである。

つまり、採活は企業の経営の根幹に関わる活動であると、採用担当者は認識している（少なくとも、建て前ではそういうことになっている）。

経営の根幹に関わる活動であるがゆえに、採用活動を成功させるためには、「経営陣」と「現場」をいかに巻き込むかが重要になってくる。採用担当者は、その年の採用活動が始まる際には、彼らとの打ち合わせを密に行う。

特に、経営トップ層には徹底したヒアリングが行われる。

経営トップ層からは、「これからは対個人向けの営業を強化しなければならないから、営業志望の人材を大量に採用するべきだ」「国際展開を視野に入れたうえで、外国人留学生の採用を強化せよ」「当社を安定している企業だと勘違いして受けてくる安定志向の学生が増えている。より起業家精神を持った人材を採用するべきだと思う」など、これから数年の企業活動の展開を視野に入れつつ、今後どのような人材が求められるか、さまざまな意見が飛び出す。

経営トップ層だけではない。現場の管理職クラスの人間へのヒアリングを実施する企業もある。最近の新人を見てどう思うか、これから自分の部下に欲しいのはどんなタイ

朝日放送　テレビ朝日系列の大阪準キー局。そのわりに、社員平均年収はテレビ朝日よりも上。「パネルクイズ アタック25」などを制作。

プか、などの意見を吸い上げる。

このような社内調査だけではなく、採用マーケットの分析も行われる。リクルートなどの就職情報会社や厚生労働省、経済産業省などが発表する労働マーケットのデータを分析するのである。

特に、リクルートなどが発表する新卒採用マーケットデータは、採用担当者にとって貴重なデータである。有効求人数、有効求人倍率などのマクロ的なデータだけでなく、学生が企業を選ぶ際に重視する点の傾向なども発表されるからだ。

それに、採用担当者は「採用競合企業」の動向も意識する。

採用競合企業とは、文字通り採用活動を行う際に競合する企業のことを指す。これは同じ業界とはかぎらないのが特徴である。

たとえば、推測ではあるが、トヨタの採用競合企業は、日産やホンダといった自動車業界の企業とはかぎらないはずだ。業界トップ企業や日本を代表する企業という軸で受けている学生にとっては、各業界のトップ企業が採用競合となるはずである。

「海外営業をやりたい」と考えて受けている学生にとっては、パナソニックやソニーなど、グローバルに活動する他業種のメーカーが競合となる可能性もあるし、三井物産や

いちよし証券　中小型株に特化した証券会社。「新興市場のリサーチ力においては証券会社のなかでトップクラスと自負」とのこと。

三菱商事といった商社が競合となる可能性もある。

これらの調査、分析を通じて、その年度の新卒採用活動に向けた、さまざまなキーワードが抽出される。そして、これらのキーワードを参考にしつつ、その年の新卒採用戦略が立案されるのである。

さらに、スキル面、タイプ面で求められる力、特性を整理したうえで、「求める人物像」も策定される。

もっとも、これは理想的な例である。企業規模によっては、採用戦略全体を社長が自ら立案しているケースもある。企業によっては、経営トップ層や現場へのヒアリングなどはまったく行われず、何から何まで人事部が決めているケースもある。

人事部主導で決定している会社の場合は、物事を決めるスピードは早くなる一方で、経営や現場から求められる人材ニーズとの「ズレ」が発生してしまう可能性がある。一部の企業ではこのズレが深刻な問題となっており、「人事の奴は使えないのばかり採用しやがって！」という不信感の元にもなっている。

全体の採用戦略と「求める人物像」の策定と並行して、つぎに、各事業部の人員計画

エン・ジャパン　就活準備講座として「Grow up seminar」を全国で開催。なぜか無料。意外な気付きがあると参加学生は絶賛。

や現在の人員構成などを考慮したうえで、採用人数が確定する。

そして、採用活動に関わる各分野の戦略、戦術が立案されていく。採用広報活動をどうするか、選考方法をどうするかなどが具体的に決まっていくのである。

採用広報活動でいうと、採用テーマをどうするか、入社案内や採用ホームページなどの制作物をどうするか、各種説明会への参加をどうするか、などを具体的に決めていく。また、人事部の新卒採用担当のなかでの役割分担（人事部内のフォーメーション）も決まっていく。

このようにして、企業の採活の骨格が決まっていくのである。


ここから言えることであるが、企業の採活を理解するために、学生諸君にはぜひ、各企業の現在取っている戦略や業界内でのポジション、経営上の課題などに興味を持っていただきたい。

すでに述べたように、戦略と人事は連動しているケースが多いためである。

後述するが、企業の採用ホームページや入社案内は企業の都合でつくられた「広告」のようなものである。それらだけで企業を理解しようとしないで、ニュースや雑誌の記

オカモト　実は新幹線の内装材などの産業用製品が売上半数の意外。採用サイトの社長メッセージは、「『コンドームのオカモト』だけではない」。

「就職基礎能力」(厚生労働省調査)

①コミュニケーション能力	意思疎通、協調性、自己表現力
②職業人意識	責任感、主体性、向上心・探究心(課題発見力) 職業意識・勤労観
③基礎学力	読み書き、計算・数学的思考、社会人常識
④ビジネスマナー	基本的なマナー
⑤資格取得	情報技術関連、経理・財務関連、語学関係

「社会人基礎力」(経済産業省調査)

①「前に踏み出す力」アクション	一歩前に踏み出し、失敗しても粘り強く取り組む力
②「考え抜く力」シンキング	疑問を持ち、考え抜く力
③「チームで働く力」チームワーク	多様な人とともに、目標に向けて協力する力

事など、さまざまな情報ソースから企業を分析すると、より深い就活ができると言えるだろう。

「求める人物像」を知ってどうするの?

さて、話はやや前後するが、各企業の「求める人物像」は、言い回しは違っていても、構成される要素はどこの企業も似たようなものになりがちだ。

「自立(自律)」「成長意欲」「コミュニケーション能力」「チームワーク」「考え抜くこと」などのキーワードは、どの企業でも見受けられる。

参考までに、厚生労働省が調査した「就職基礎能力」と、経済産業省が調査した「社会人基礎力」の構成要素を挙げてみよう。上図を見ていただきたい。

オプテックス　滋賀が本社の機械メーカー。元は自動ドアが主力商品。現在は防犯センサーが主力商品で業界シェアトップ。

このような能力が「基礎力」であり、就職前、あるいは就職後の新人時代に身につけるべき力だとするならば、やはり「求められる力」や「求める人物像」が似ているがゆえに、「一部の学生に内定が集中する」という事態が起こるのである。

このような学生の出現率はどうやら一定のようであり、年々獲得競争が熾烈化《しれつか》している。結果として、十数社に内定する学生がいる一方、内定ゼロの学生も多数ということになる。

実は、学生の間では、「求める人物像」についての大きな誤解が起こっている。それは、各社の「求める人物像」通りに演技しなければならない、という妙な誤解である。結果として、本書の帯マンガのように「私にはコミュニケーション能力があります」と棒読みする学生や、見るからに臆病そうなのに「私はチャレンジ精神旺盛《おうせい》です」とアピールする学生が量産されるという滑稽《こっけい》な状況が生まれているのである。

就職人気企業ランキング「あそこには負けられない」

新卒採用の本来の目的は、少なくとも建て前では、「企業の未来を担う人材の獲得」であるはずだ。しかし、昨今の新卒採用活動は、単に人材を獲得する行為を大きく超え

オムロン　自動改札や制御システムで有名な電機機器メーカー。1988年、管理職に３カ月の長期休暇を与える制度を打ち出し、注目を集める。

ている。

それはずばり、「就職人気企業ランキング」競争である。

リクルートや文化放送キャリアパートナーズ、毎日コミュニケーションズなどの各社が発表する就職人気企業ランキングは、マスコミでも大きく取り上げられるようになっており、いまや、就活中の学生だけでなく、広くビジネスマンが注目している。「企業力」を象徴するものの一つとして考えられており、各社ともに「負けられない」状況である。

就職人気企業ランキングにかぎらず、最近では、採用活動を「企業広報活動」ととらえる企業が増えてきた。特に、金融機関や電機メーカーなどでその傾向が強い。

就活をする学生たちはその後、社会人になり、家庭を持つので、彼らに企業の良いイメージや自社の商品・サービスを刷り込んでおけば、高い効果が期待できるからだ。「あの銀行は財務状況が良いんだなあ」「あのメーカーの製品はここまで品質管理や環境対策に力を入れているのか」などの印象を学生に植えつけられたとしたならば、しめたものである。

各社の採用予算が上昇しているのは、「売り手市場化」だけが原因なのではなく、ラ

オリエンタルランド　筆記テスト当日の社員講演会で、パイレーツ・オブ・カリビアンの曲とともに社員が登場。小演劇も。

「就職人気企業」ここ40年の移り変わり

	1970年	1980年	1990年
1	日本航空	東京海上火災保険	NTT
2	日本IBM	三井物産	ソニー
3	丸紅飯田	三菱商事	三井物産
4	東京海上火災保険	日本航空	三菱銀行
5	伊藤忠商事	日本放送協会	東京海上火災保険
6	三井物産	サントリー	三和銀行
7	三菱商事	三和銀行	JR東海
8	松下電器産業	安田火災海上保険	住友銀行
9	住友商事	日本生命保険	日本航空
10	電通	住友商事	全日本空輸

	2000年	2008年
1	ソニー	全日本空輸
2	NTT	東京三菱UFJ銀行
3	日本放送協会	みずほFG
4	NTTドコモ	JR東海
5	サントリー	三井住友銀行
6	JTB	トヨタ自動車
7	電通	バンダイ
8	博報堂	ソニー
9	本田技研工業	JR東日本
10	資生堂	松下電器産業

出所:リクルート調べ　社名は調査年のもの

上組　神戸に本社。神戸港・東京港に自社専用コンテナターミナルを保有する、港湾と貿易のプロフェッショナル。

ンキング対策、企業イメージ対策のためだとも言われている。

従業員のモチベーションアップという側面もある。

就職人気企業ランキングで何位だったのかを社内放送などで共有する企業さえあるという。久々に会う大学の同期に、「お前の会社、就職人気企業ランキングで○位だったな。すごいな」と飲み会の席ででも言われたら、それは嬉しいものであろう（よくある光景だ）。

そして、就職人気企業ランキングが上がれば、就職情報会社への交渉力が増すというメリットもある。

「人気企業ランキング○位のうちが参画していないと、学生さんはさみしがると思いますよ」などの「脅し」をかけ、合同企業説明会や、リクナビやマイナビといった就活ナビサイトへの参画費用の値引き交渉を行うことができるというわけだ。

第5章で詳しく述べるが、実は、合同企業説明会や各種就活ナビサイトへの参画費用は一律ではなく、人気企業は優遇される傾向にあるのである。

キーエンス　社員の平均年収が約1300万円の機械メーカー。大阪に本社があり、関西圏では記念受験の学生多数。面接も「説得プレゼン」など変化球あり。

学生に嫌われたら、さようなら

では、具体的に人気アップを図るための方法であるが、「露出の強化」×「学生に支持される工夫」を行うのが勝ちパターンとなっているようだ。

「露出の強化」という意味では、各種イベントで大きく派手な装飾を施したブースを構えてアピールする、学生にダイレクトメールを発送するなど、学生との「接点の強化」が重視される。

たとえば、2007年秋に開催された、「日経ナビの就職イベント」という、ディスコ社が主催しているイベントの各会場では、「大和証券」という文字が入った布製の袋が来場者全員に配布されたという。

メガバンクをはじめ、各金融機関が採用を強化するなか、人材確保のための施策であることは間違いないが、それ以外にも人気対策という側面が考えられる施策であった。べつに布の袋がおもしろいわけではないが、認知度はアップするだろう。

そして、「学生に支持される工夫」という意味では、「学生が知りたいと思っていること」についての情報提供の強化で人気を勝ち得ようという動きがある。

たとえば最近、学生が強く気にする項目となってきている「働きやすさ」などについ

協和発酵キリン　発酵化学で業界1位。高血圧治療薬品など医薬品でも有名。2008年にキリンの連結子会社化。

て、セミナーやホームページで大々的に紹介するなどの工夫が行われている。

さらには、入社案内や採用ホームページのエンタテインメント性でアピールしているケースもよく見受けられる。最近では、まるでゲームや映画の画面のような採用ホームページが増加している。なかには、本当にクイズなどが記載されているサイトすらある。

人気を勝ち得るために、各社とも「嫌われない」工夫に力を入れているのだ。

ただでさえ、採用担当者に粗相《そそう》があった場合、「みんなの就職活動日記」や「2ちゃんねる」で「炎上」する時代である。各社は、たとえば、実際には学歴や男女の差別・区別を行っていたとしても、そのことを気づかせないよう努力している。

他にも、会社説明会などの会場が窮屈で、さらに立ちっぱなしだった場合なども、学生の満足度が下がり、クレームが多数書き込まれて企業イメージが低下するので、できるだけ快適な説明会になるように各社の人事は努力しているようだ。

さらに、就職人気企業ランキング対策で重要となるのが「女子対策」である。

一般的に、男性よりも女性のほうが就活に熱心であり、就職人気企業ランキングでは女子の投票が多くなる傾向があるので（人数は集計の際に補正されることもあるが）、「女子学生の就活を応援するセミナー」などが実施されるケースもある。

サイバーエージェント　採用担当者がどういうわけか美女＆イケメン揃い。熱い人たちで学生から支持。非「美女＆イケメン」学生はいじけてしまう？

女性に支持されるイベントを実施することが、企業の人気アップにつながるというわけだ。

最近では、就職情報会社も「女子限定合同企業説明会」を実施している。金融機関などで、業務職（という言い方がされている、支店などで営業をする仕事）の大量採用などがあり、女子を大量に採用するニーズが生まれているということもあるが、人気対策という側面も明確に感じられる企画である。

以上のように、就職人気企業ランキングにかける各社の思いは加熱するばかりだ。

一方、144ページにあるように、就職人気企業ランキングのここ数十年の変化を見てみると、たしかに時代とともにランキングの変動はあるものの、顔ぶれは大きくは変わっていないのもまた事実。

いつの時代も、金融機関や商社、マスコミ、広告代理店、旅行関連企業などは人気である。皮肉なことに、人気対策に力を入れたところで、「みんなが行きたいあの企業」はそうそう変わらないようだ。

静岡銀行　静岡県内中心の地方銀行。意外や意外、地方銀行では格付けトップ。地元の別名「シブギン」に恥じない堅実経営で有名。

すべては「広告」である

企業は、採用活動を行う際に「入社案内」や「採用ホームページ」を制作する。これらは学生に企業のことをより深く知ってもらうためのツールであり、「会社紹介」「会社の歴史」「トップからのメッセージ」「商品・サービスの紹介」「先輩社員の仕事紹介（職種紹介）」「各種制度・データ紹介」などから構成されている。なかなか読みごたえのあるものばかりだ。

採用ホームページに関しては、現在は情報提供だけでなく、個人情報の登録を行うと、マイページと呼ばれるページにログインできるようになっている。

マイページはいわゆる情報の管理画面であり、学生と企業をつなぐページである。各種説明会の予約、選考への応募なども行えるようになっており、就職活動になくてはならないツールになっている。

入社案内、採用ホームページとともに、制作には１０００万円以上かかることもよくあるようだ。それぞれ、凝《こ》りだしたらキリがない。なかには、高級な紙を使った豪華版の入社案内をつくる会社や、募集職種別につくり分ける会社もあり、かなりの金額がかかっていることがうかがえる。

島津製作所　ノーベル賞の田中耕一を抱える京都の精密機器メーカー。田中はソニーが第一志望も不合格の過去。ソニーは地団駄。

ところで、これらの制作物をつくるうえで、特に大切なポイントは、「企業の魅力抽出」である。

「求める人物像」に合う人材は自社に何を期待しそうなのか？　今どきの学生は企業に何を期待しているのか？

「仕事のおもしろさ」「成長できそうかどうか」「やりたいことができそうかどうか」「待遇」「福利厚生」などなど、学生が期待する項目のうち、自社独自の魅力（独自性のある魅力）、他社と比較して優れている魅力（優位性のある魅力）を抽出し、入社案内や採用ホームページに盛り込んでいくのである。

さらに、学生の心に響くよう、コピーライティングなどの工夫も行われる。

さて、ここまで読んで気づいたかと思うが、所詮、入社案内や採用ホームページは、企業の立場からつくられた「広告」のようなものだ。

企業が自らつくるものであるから当然だろう。しかし、その事実を、就活する学生は意外に知らない。

結果として学生は、これらの制作物の内容を「信じ込む」ことになる。

商船三井　海運業界では日本郵船と並びトップクラス。世界一の鉄鋼原料船保有数を誇る。社員の平均年収も相当高い。

これらに掲載されていることが事実であることはたしかだが、企業の都合で見せ方を加工された「事実」なのだ。つまり、偏っているということである。

これが、企業に対する誤解の温床となっており、「入ってみて、印象と違った……」というようなミスマッチの原因ともなっている。

ちなみに、この手の制作物では、「ぶっちゃけ情報」や「若手社員の生の声」といったコーナーが人気を博しているという。「入社してみてギャップはなかったのか?」「働いていてつらいことはないのか?」などについて、赤裸々な生の声を伝えようという企画である。

企業の意図としては、入社した際のギャップがないように、また逆に企業に期待しすぎないように、あえてこのようなコーナーを設置している。

しかし、これも「広告」そのものであることを忘れてはいけない。すべて、人事部のチェックが入ったうえでの「生の声」なのだ。

当然、「先月はサービス残業を50時間しちゃったんだよね」「うちの会社はパワハラ上司が多すぎる」など、本当に聞きたい赤裸々な「ぶっちゃけ情報」は人事部によってカットされている。

信越化学工業　化学肥料が発祥も、現在は経済界では誰もが知る化学メーカー。塩ビ・半導体ウエハで世界トップ。株価も常に高水準。

これらの制作物は企業の手によってつくられたもの、彼らの都合でつくられたものだということを忘れてはならない。

採用広告「このNGワードに騙されるな」

では、より具体的に、入社案内や採用ホームページなど、企業の都合でつくられた採用情報を読む際に注意すべきNGワードを紹介しよう。

【コンサルティング営業】

他にも、「ソリューション型営業」「課題解決型営業」などと表記される。

要するに「営業」のことだ。

しかし、営業という仕事は、学生から「単にモノを売りつける仕事」「ノルマに追われる仕事」だと誤解されがちである。テレビドラマなどでも、お客さんにペコペコする様子が描かれており、学生の印象は決してよくない。

人気職種ランキングでも「マーケティング」「商品企画」などと比較すると、人気はそれほど高くない。そこで、イメージを高めるためにも、このような言葉で表現される

住友商事　映画館で企業説明会を実施し話題に。社員の平均年収1402万円（2007年時点）の超高給取り。

ことがよくある。

たしかに、営業という仕事には顧客の課題を解決する要素はある。その部分を前面に押し出した表現として使われているのだろう。ただ、それをわざわざここまで洗練された言葉で表現しなくてもよいと思うのは私だけだろうか？

学生の側からすると、「まるでコンサルタントのような洗練された仕事」「きつそうな感じがしない」「体育会系な感じがしない」などの印象を受け、「営業は興味がなかったけど、コンサルティング営業だったらチャレンジしてみようかな」という気になるわけである。

この言葉にひかれて入社するとどうなるのか。企業にもよるが、飛び込み営業や、厳しいノルマが課せられるなど、営業そのものの仕事だったことに入社してから気づくということもよくある話だ。

【基本給28万円！（など、基本給が高いケース）】

「いったい、いくら給料をもらえるのか？」ということを、実は学生はちゃんと理解し切れていない。いや、「給料がいくらなのか」ということは、学生にかぎらず、実態が

全日本空輸　2007年には、最終選考の前に現役社員と速水もこみちのビデオメッセージが流れるサプライズあり。今年は何がある？

わかりにくいものなのである。

一応、基本給などは採用広告に必ず掲載されているが、実際には各種手当がどれくらいあるのか、社宅や寮があるのか、残業時間がどれくらいあって手当はどれくらいつくのか、などによって大きく変わってくる。

それに、金融機関などでは、他業界からの「高給取り」という批判を避けるために、1年目の基本給がかなり低めに設定されている。

「○○歳のモデル賃金」などを表記しているケースもあるが、この表記の仕方は各社に委ねられているので、あくまで目安の数字でしかない。

平均給与を表記しているケースもあるが、これも実は表記にルールがないので、参考にならない。全社員の平均を記載している場合もあれば、平均年齢（これも年齢分布により異なるのであてにならないが）のモデル給与を記載している場合もある。

最近では、毎月の給与や賞与は成果対応型、業績連動型の企業も増えており、ますます学生に対して説明しにくくなっているのが実態である。

つまり、「○○万円くらいはもらえる」ということをうかつに伝えられないというわけだ。給与の実態をどう伝えるかということについては、各社が悩んでいるものである。

ソニーミュージック　採用サイトでは5分近く自社PRムービーが流れちょっとウザい。一次が「1分間オーディション」で勘違い学生続出。

そんななか、「うちは基本給が高い」ということを打ち出している企業がたまに見受けられる。ある外資系ＩＴ企業は、以前の採用広告で、「基本給は28万円からスタートです！」という内容を盛り込んでいた。

しかし、よくよく調べてみると、それ以外の手当がほぼまったくないのであった。結果として、手取りの給与は他社の新卒の水準とあまり変わらない。残業手当がつかない分、むしろ低くなる可能性さえあった。

さらに説明すると、この例からはやや離れるが、給料の高い会社というのは、その分、従業員が高い価値を生み出さなければならないわけである。ということは、相当高いパフォーマンスを求められる、つまり、仕事がきつくなる可能性が高いということも、頭に入れておかなければならない。

「給与の高さ」を訴求ポイントにしている場合は、「なぜその金額なのか？」「どのような要素で構成されているのか？」を見抜くことが大切であると言えるだろう。

【職種別採用（など、コース別選考）】

学生は配属について、「自分の希望がどれくらい通るのか？」ということを気にする

ソフトバンク、バンダイ、富士フイルム　出産した子供の人数に応じてボーナス支給。子ども好きなら得。でも、産んだあとが大変なのに……。

ようだ。せっかく第一志望の企業に入社しても、希望の職種や事業部に配属されないのでは意味がないと考えてしまうわけである。

最近では、勤務地に関してこだわる学生も増えてきているという。売り手市場化や「ワークライフバランス」という考え方の広がりが、学生のこだわりを加速しているとも言えるだろう。

特に、関西エリアや東海エリアではこの傾向が顕著のようだ。「地元で働ける可能性はどれくらいなのですか?」「自宅から通いたいんですけど」「関西を離れたくないんです」などの声が頻繁に聞こえてくるという。

正社員で総合職である場合、たいていの会社で転勤の可能性があることくらい理解してもらいたいところなのだが、学生のわがままは止まらない。

そこで、注目を集めるのが、「職種別採用」を行っている企業である。入社する前から「職種」や「事業部」、「勤務地」などが約束されるのである。

一見すると、学生の希望にこたえる理想的なやり方のようであるが、これも実は学生にとって危険な仕組みだ。

というのも、よほど深く調べないかぎり、大学4年の春に、その会社の事業や職種内

損害保険ジャパン　書類選考は全員通過。一次面接に直行できる。全国の先輩社員にOB・OG訪問予約ができるシステムを開発。

容を熟知したうえで「職種」を決めることなど、なかなか難しいからである。希望通りに進んだところで、実はギャップがたくさんあったということもよくある話だ。

べつに職種別採用を否定するわけではないが、採用された後に他部門、他職種に異動できる可能性がどれくらいあるのか、どういう方法で異動の希望を出すことができるのかなどは、ちゃんと調べておくべきだろう。

【働きやすさ】

最近、「ワークライフバランス」「働きやすさ」という言葉が、世の中全体に広がりをみせている。そして、この言葉が、新卒採用活動においては学生を集める客寄せパンダ的に使われている。

「働きやすい会社ランキング」の順位が高いことをウリにしている企業もある。特に、「女性にとって働きやすいかどうか？」が重要視されている。

そのため、各企業は、会社説明会などにも女子社員を多数投入する、女性の採用担当課長を置く、などの取り組みを行っている。また、在宅勤務や時間限定勤務、出産した際のボーナス支給など、「働きやすい」新制度を打ち出す企業もある。

大同メタル工業　一時期、「メタルつながり」ということでヘビメタ風プロモーションビデオを制作し、脚光を浴びていた。

一方、企業が打ち出す「働きやすさ」は、働くうえでの従業員のニーズと大きくズレているケースも多数見受けられる。たとえば、ソフトバンクは5人以上子供が産まれると500万円支給するという制度を打ち出したが、そんな家庭はほとんどいないことからも、やや形骸化《けいがいか》した制度であることは否めない。

だいたい学生は、「働きやすい」とはどういうことなのか、よく理解できていないものである。ひと言で「働きやすい」と言ったところで、各個人によってその種類はバラバラであり、一様ではないはずだ。

甘い言葉で学生を口説いたところで、会社や社会の厳しさはあまり変わっていないのもまた事実。騙されずに本質を見る力、学生にはその力が問われる。

【若手や女性が活躍できる職場です】

「若手が活躍できる風土です」「女性が活躍している企業です」など、「○○でも活躍できる職場」というメッセージをよく見かける。

一見すると魅力的に見えるが、これらも要注意ワードである。

高離職率、採用困難などの理由により、本来であればベテラン社員がいて、彼らに活

太陽誘電　積層セラミックコンデンサ世界3位。CD－Rの開発は世界初。バースディ休暇・ヘルスディ休暇・メモリアルディ休暇の制度あり。

躍してもらいたいのだが、やむをえない理由で「若手」や「女性」が活躍しているという場合もある。

要するに、問題がある職場なので、「活躍せざるをえない」状況になっているわけである。

それから、「どれくらい活躍しているのか」「どう活躍しているのか」がわからない広告も多々あるので注意が必要だ。何をもって活躍していると言い切れるのかをチェックしてみよう。

たとえば、たまたま若手や女性でエース級の社員がいるということを大袈裟《おおげさ》に書いているだけというケースもある。20代や女性の管理職が占める割合などを聞いてみると、結果は散々ということもよくある話だ。

それに、活躍というキーワードが躍る企業は「忙しい」企業である可能性が高いことも頭に入れておこう。

活躍という言葉だけで騙されてはいけない。

タキイ種苗　種苗業界トップ。世界でも「トップ5に入る」(HPより)。桃太郎トマトを開発。最終面接前には農場での実習あり。

【離職率が低い】

ここ数年、学生の安定志向が上昇傾向にある。社会経済生産性本部の「新入社員意識調査」によると、「今の会社に一生勤めようと思っている」という回答が2007年には45・9%となり、はじめて40%を超えた。その反面、転職してもよいという答えは、就職氷河期の2000年に51・3%だったのをピークに下がり続け、2007年には34・4%になっている。

学生からも、「安定してずっと働ける職場がいいです」という声がよく聞こえてくる。一方、通称「3年3割問題」と呼ばれる、新卒で入社すると3年で約3割が退職しているという事実は学生にも広まっている。そのため、学生は「離職率」を相当気にするようになっている。

各社の採用担当者は、「世の中では3年で3割辞めると言われていますが、御社では何割くらい辞めていますか?」という質問を学生からよく受けるという。

このような背景もあり、「ずっと働けること」を訴求する企業が増えている。離職率の低さをウリにしているわけである。採用担当者自らが、「同期で退職した者はほとんどいません」というメッセージを発信する会社すらある。

椿本チエイン　大阪に本社。産業用チェーンで世界1位、自動車タイミングチェーンは国内トップ、世界でも2位の隠れ優良企業。

しかし、冷静に考えてみると、この指標もそれだけでは意味をなさないことに気づくだろう。「辞め方」「辞めた理由」「どんな人が辞めたか」などの中身に着目しないかぎりは、離職率だけを気にしても仕方ない。

上昇志向が強い人が集まり、ある程度の経験を積んだうえで前向きに独立して辞めている会社もあれば、ワンマン社長の恐怖政治により気に入られない人はバッサバッサと斬られ、気に入られている人だけ生き残れる会社もある。

離職率が低い会社にも要注意である。雇用は守られるものの、窓際で飼い殺しされるケースもある。さらには、某自動車メーカーのように、「雇用は守る」とトップが宣言していても、終身にわたり難易度の高い仕事が与えられるケースもある。

要するに、どこも楽ではないわけだ。

キャリアを考えるうえで、もちろん長期的ビジョンや譲れないこだわりは大事だと思うが、離職率だけを気にしていてもしょうがない。

ぜひとも、辞める理由と、どんな人が辞めているかにも注目していただきたいし、一つの会社にずっと勤める生き方がいまや必ずしも主流ではないということも理解していただきたい。

テレビ局　アナウンサー採用は3年生夏休みに開催するセミナーから事実上開始。1000倍以上の高倍率を勝ち抜けばブラウン管に登場。

さて、いかがだっただろうか？

これらはほんの一例にすぎず、つぎのページに挙げるように、NGワードは他にも多数ある。

採用広告を読む際に大切なのは、「なぜ、そんなことをウリにしているのか？」という素朴な疑問の視点を持つことだ。

特に、「実はこれ以外にウリがないのではないか？」「このウリはべつにこの会社だけのものではないのではないか？」などという冷めた視点を持つとよいだろう。

具体例で見てみよう。

たまたま訪れた合同企業説明会で業界大手の損害保険会社が講演している様子を目撃した。人事担当者は、「給料が良い（30代半ばで総合職ならば誰でも必ず年収1000万円を超える）」「週に必ず2日は休みが取れる」「権限移譲が進んでおり、仕事がおもしろい」などと説明していた。採用ツールも、CMでおなじみのタレントやキャラクターを使ったかわいらしいものであった。

一見すると魅力的ではあるが、これは彼らなりに、一生懸命に魅力抽出を行った結果

デンソー　トヨタの下請けと言うなかれ。国内トップ、世界でも第2位の自動車部品企業。社員の平均年収はトヨタよりも上。

採用広告に躍る「NGワード」

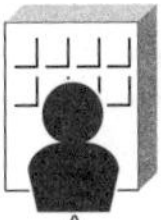

NGワード	ホントのところは……
「オフィスは東京ミッドタウン」（など、人気の場所を訴求）	なかには、これ以外に訴求ポイントがあまりない場合が。「それしかないの?」という話になる。
「○○休暇（ユニークな休暇制度の名前が入る）を導入」	取得率を確認すべき。奇をてらっているだけのケースが多数。
「成長しよう」	どう成長できるのか（したいのか）、学生も企業も不明確なことが多い。
「○年目で海外赴任する人も」（など、若くして大きな仕事を任される例を強調するパターン）	それは入社した同期のなかでどれくらいの割合なのか、確認すべき。たまたまそういう人がいたということもよくある話。
「趣味は○○です」（など、若手社員のワークライフバランスを強調するパターン）	ワークライフバランスを気にする学生が多いことから、最近は週末の過ごし方などを訴求するケースが増えてきた。ちゃんと休みは取れているのかなど、実態をヒアリングすべき。
「○○のような新規事業にも参入しています」	あくまで参入を開始しただけであって、そこに配属される可能性はきわめて低い場合も。新制度、新規事業訴求には、「実際どうなのか?」と突っ込みを。
「アットホームな雰囲気です」	雰囲気は実際、目で見てみないとわからないもの。「雰囲気はどうですか?」という質問をする学生がいるが、無意味。説明会、面接などで感じ取ることが大事。
「実力主義の会社です」	「実力主義」の中身を確認すべき。どのように評価がなされるのか?　など。
「平均年齢○歳！若い環境で働いてみよう」	これは価値観による部分が大きいので、自分でよく考えよう。
「やりがいのある仕事です」	「やりがい」にかぎらず、魅力的なワードは具体的に何がそうなのかを確かめなければ危険。

東ソー　総合化学メーカーで塩化ビニールは国内トップ。グループ全体ではフッ素化合物の製造が世界トップ。

であろう。すべて事実だったとしても、突っ込みどころはたくさんある。

たとえば、抽出された魅力は、他業界の企業も含めたうえでの「優位性」でなければ、「独自性」でもない。30代半ばで年収1000万円をもらえる企業は他にもある。週に2回休みが取れることだって、権限移譲のことだってそうだ。

しかし、あまり企業研究をしていない学生は、「へー、それは魅力的だ」と飛びつくのである。

実際、最近の学生は「待遇」や「ワークライフバランス」を重視する傾向にあるので、それに対応したネタ提供をしているとも言える。ダメ押しで「権限移譲が進んでおり、仕事がおもしろい」とまで言われたら、学生の気持ちも動くだろう。

しかし、そもそも論で言うなら、業界ナンバーワンの東京海上日動火災保険（学生の間ではマリーンと呼ばれている）に行かずに、わざわざその損害保険会社に行く理由はなんなのか？　もっと言うと、金融機関に興味があるとして、数ある金融機関のなかからその会社を選ぶ理由はなんなのか？

決定的なものは実はあまりない。上記の3つの魅力が、マリーンにないわけがないだろう。

東洋製罐　社名の缶詰にかぎらない。ペットボトルなどの包装容器トップメーカー。「缶コーヒーの2本に1本は東洋製罐」（HPより）だとか。

つまり、学生が他の会社のことを調べる前に、学生に刺さりそうなポイントを訴求し、取り込むという手法をとっているわけである。

たまたま某損害保険会社を例に出したが、他の企業も同様だ。

「本当にそうなのか?」「なぜこれをウリにするのか?」

このような「冷めた視点」で、採用広告にはぜひ突っ込みを入れてみてほしい。

出てくる社員は「会社が用意した人材」

入社案内や採用ホームページのような「企業の都合でつくられた広告」によって、学生は騙される。同様に、学生を騙すのが、学生と会う「社員」である。

新卒採用をする際に、人事以外の「現役社員」を学生に会わせる手法が流行《はや》っている。人事担当者の話だけでなく、現場で働く社員の生の声も聞かせる手法である。

たしかに、学生の間からは、「人事担当者は良いことばかり言いそう。働いている社員さんの話が聞きたい」という声が聞こえてくる。

たとえば、三井物産は、数年前から全国各地で「マイクを使わない会社説明会」を行い、好評を博している。文字通り、マイクを使わなくても話せる人数、距離で会社説明

トプコン　東芝系の精密機器メーカー。眼科検査装置などのアイケアビジネス、測量システムなどに強み。光学技術は世界トップクラス。

社員・リクルーターが好印象

順位	企　業　名	ポイント
1	三井住友銀行	39
2	NTT西日本	17
3	JR東海	12
	住友商事	12
	日本生命保険	12
6	キヤノン	11
	松下電器産業	11
8	住友生命保険	10
	トヨタ自動車	10
10	大和証券グループ本社	9

※印象の良かった社員・リクルーターの企業を1社回答
出所：「週刊東洋経済」2008年6月28日号　調査主体：採用プロドットコム、みんなの就職活動日記

会を行うのだ。学生にとっても、質問しやすいと好評である。

他に、金融機関やメーカーでも、一回あたりに社員を十数名投入し、セミナー時間内で社員に直接質問できる会などを実施している。

説明会だけではない。各社は、大学ごとのリクルーター制度を復活させ、学生と近い距離での接点を持つようになっている。社員のリアルな姿を見せることによって、共感を得ようという手法だと言える。

学生も、「社員さんがキラキラ輝いていて素敵だった」「こんな社員さんと一緒に働きたいと思い志望した」などの印象を持つものである。社員への共感で入社を決意する者もいる。

企業にとっても学生にとってもメリットのあ

豊島　アパレル系商社。合同企業説明会でのプレゼンは模造紙で実施し、注目を集める。インターンシップも積極的。

る手法ではあるが、気をつけなければならないポイントがある。それは、社員そのものが「会社が用意した人材」であるということだ。

会社説明会にはたいてい、若手のエース級の社員が投入される。最近では、「ずっと働けるだろうか?」「女性でも活躍できるだろうか?」などを不安に思う学生も増えている。それに合わせて、あえて年齢が高い社員や女性社員を投入するケースも増加している。

社員のうち2割は優秀で他の8割はバカだらけという話がよくあるが、まさに採用活動の際には、その2割の社員が集められているので、参考にならないのである。

優秀社員ばかりではない。社長自らが講演するセミナーも、ベンチャー系などを中心によく見受けられる。

「社長の人柄に惚《ほ》れて入社しました」「社長が戦略家だったので、この会社なら大丈夫だと思いました」などの声が学生から聞こえてくるが、社長は魅力的、かつ仕事ができそうに見えてあたりまえだ。それが社長というものなのだから。特にベンチャーでは、その傾向が顕著である。

逆に、入社してみると、社長の独裁体制で社員は奴隷《どれい》状態ということもよくあること

トヨタ自動車　営業・販売系の採用では、就活を応援する歌を制作。トヨタへの愛社精神がさらに強まるか。

だ。特にベンチャーを受ける際は、社長以外の社員にも目を向けてみることが大事である。

同様に、会社説明会の会場にも注意しよう。

会社説明会は、高級ホテルの宴会場や会社のホールなどで行われることがよくある。学生はそのような「大人の世界」に行ったことがないので、それだけで立派な会社だと勘違いしてしまうことも多い。

「今まで体験したことがないような立派な空間で、ドキドキしました」などという印象を学生は持ってしまうものである。

仕事は現場で行われるのであって、宴会場やホールで行われるものではないということを、あたりまえだがおさえておこう。

企業のウソを見抜く方法

では、より具体的に、企業のウソに騙されないための方法を紹介したいと思う。

新卒にかぎらず、求職者が気をつけるべきポイントは、「ウソをいかに見破るか」だ。

言うまでもなく、真っ赤なウソは大問題。しかし、就活で問題となるのは、制度、事

日東電工　総合材料メーカー。液晶用光学フィルムなど20製品以上で世界シェアトップ。グローバルニッチトップ戦略を掲げる。

企業がつく「正しいウソ」とは?

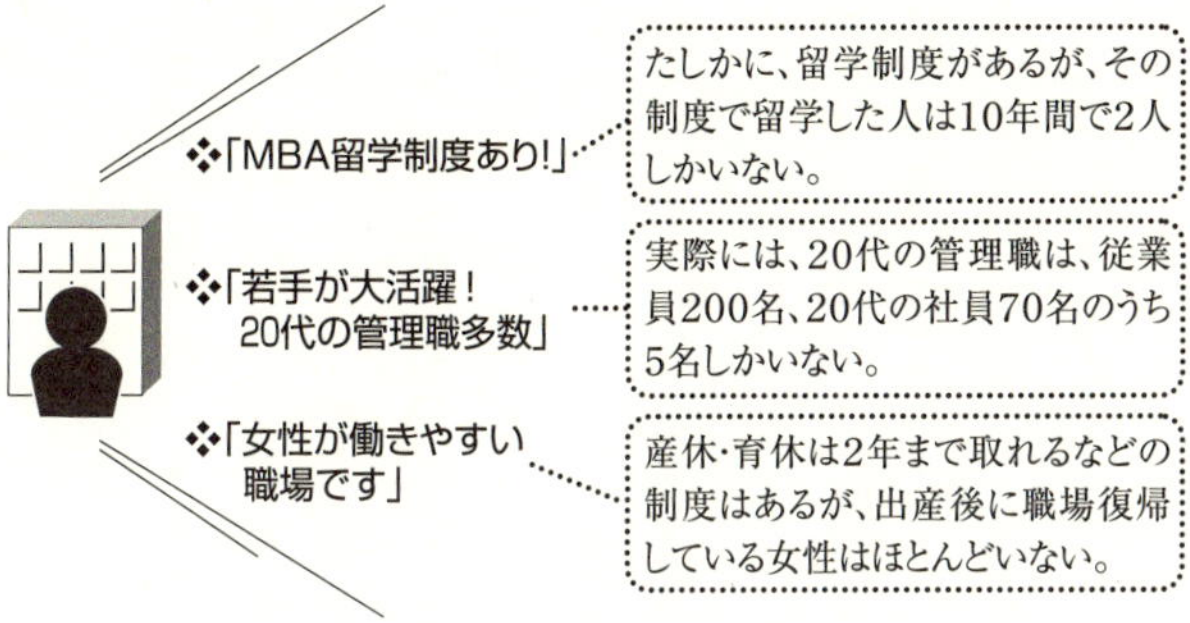
❖「MBA留学制度あり!」
たしかに、留学制度があるが、その制度で留学した人は10年間で2人しかいない。
❖「若手が大活躍！20代の管理職多数」
実際には、20代の管理職は、従業員200名、20代の社員70名のうち5名しかいない。
❖「女性が働きやすい職場です」
産休・育休は2年まで取れるなどの制度はあるが、出産後に職場復帰している女性はほとんどいない。

例などが「事実」としてはたしかにあるにはあるが、実際にはあまり運用されておらず、かぎりなくレアケースである場合などである。

変な日本語ではあるが、ここでは「正しいウソ」と呼ぶことにしよう。

たとえば、こういうことだ。採用ホームページや合同企業説明会でアピールされる、その会社の「ウリ」と「事実」とが乖離《かいり》しているケースはないだろうか?

就活でタチが悪いのが、上図のような「正しいウソ」が横行していることだ。

有名企業、大企業でもよくあることだし、学生も学生で、「〇〇という制度があるかどうか」という点だけで企業を比較しがちである。

そして、存在するものの、使われていない

日本圧着端子製造　大阪が本社の機械メーカー。携帯電話や自動車エアバッグに使用されるコネクタの業界シェアがトップ。

（あるいは、新設されたばかりで今後どうなるかわからない）制度に騙されて入社することになってしまう。

これを見破るためには、人事担当者や先輩社員に「具体的に」質問するといい。「その制度がウリだと言うのですが、実際に活用した社員は1年間で何人いて、従業員のうち何割ですか？」など、事実やデータを確かめるといいだろう。

あるいは、OB・OG訪問などをする際もぜひ、企業が用意した人だけでなく、さまざまな部署の人、年次の人と会うことをおすすめする。

ちなみに、OB・OG訪問の際は、志望度が高い企業の場合、会った人の同期や先輩などを紹介してもらい、さまざまな人に会うのが、企業への理解度を深めるためのちょっとしたコツだ。

ここで、本書の読者だけにとっておきの裏ワザを紹介しよう。

それは、OB・OG訪問、あるいは会社説明会など、社員と直接会う機会があるときに、採用ホームページをプリントアウトしたものや、入社案内に付箋《ふせん》をつけたものなどを用意しておくことである。

「貴社はこの入社案内通りの雰囲気なのでしょうか？」「ホームページで紹介されてい

日本ガイシ　ガイシでは世界トップ。売上50％が環境貢献商品で、HPには「会社が成長すればするほど地球がキレイになる」。高い利益率も魅力。

たこの制度について聞きたいのですが……」など、それらを見せつつ、質問するのである。

そのときの、社員の反応に注目しよう。

「えっ、人事はこんな華やかなイメージを打ち出しているのか？」「この制度、できたばかりで誰も使っていないんだよな」などと心の中で思い、表情に出るものである。口ではもっともそうなことを言いつつも、戸惑いが感じられるはずだ。

ときには、それをきっかけに、「人事がよく見せすぎなんだよ。うちの会社の実態は……」などという「ぶっちゃけ話」を社員が始めるかもしれない。

各企業とも、優秀な人材を獲得するために少しでもよく見せようとするし、事実は事実なので、「正しいウソ」をつく企業を悪いとは言えないかもしれない。

しかし結局、騙して採用した人は定着しないので、この手はある種の麻薬だと言えるだろう。

実際、残業の実態も、女性の管理職が少ないことも、会社の先行きが怪しいことも正直に伝えるようにしたら、若手社員の定着率が上がり、覚悟して入社してくる人が増え

日本精機　本社は新潟でも、二輪車用計器シェアは国内87％、世界32％。入社後は全員コスト意識を持つために簿記を勉強。

たという企業もあるという。よい取り組みだ。

結局、学生も企業も「ありのままをさらけ出す」ことが、互いの幸せへの近道なのではないか。

OB・OG訪問は「見られている」

業界や企業への理解を深めるために学生が行うことの一つに、OB・OG訪問がある。

昨今は、個人情報保護法などの関係で、以前ほどOB・OG情報が開示されなくなってはきている。以前は、各大学のOB・OG名簿は企業から大学へどんどん提供されていたが、最近は各社員の情報開示への同意が必要で、企業内での手続きがかなり煩雑《はんざつ》になったようだ。

しかし、学生にとって有益であり、企業としても学生の本音を確認しやすいこの方法は、就活にとってなくてはならないものであろう。

さて、OB・OG訪問とひと言で言っても、直接、サークルやゼミの知っている先輩を頼りに訪問するパターン、大学に配布されるOB・OG名簿を元に訪問するパターン、出身校とは関係なくOB・OG訪問担当の社員を設定し受けつけるパターンなど、さま

日本テレビ放送網　アナウンサー職は3年生9月頃からエントリー開始。就活の腕試しに記念受験する学生多数。ダメもとで挑戦してみる？

ざまなパターンがある。

さらに、仲間同士、10名以上の学生が集まって企業にオーダーを出せば、大学にOBを出前できる仕組みを導入している企業もあるし、通常の業務のボリュームを減らし、「スーパーリクルーター」を養成、各大学に張りつかせているケースもある。

注目すべきことは、すべてのOB・OG訪問は「面接」の一部であるということだ。

エントリーシートが好印象だとしても、イマイチなOB・OG訪問レポートが届いている場合は不合格にするケースもよくあるという。

一方、ここで「この学生は優秀だ！」とOB・OGから報告があった場合、エントリーシートを必ず通過させる、選考プロセスにおいて特別なルートに乗せる、などの手を打つこともあるそうだ。その学生を逃がさないために、さらにやり手の社員をフォロー担当として当てるケースもよくある話である。

喫茶店やレストランでのカジュアルなOB・OG訪問も、結局は面接の一部だというわけだ。どんなOB・OG訪問であっても、その学生に対する印象などは人事に報告されている。

このように、学生の素の部分を見ることができるので、企業にとっては有益である。

日本電産　HDD用モーターで世界シェア1位の電気機器メーカー。海外生産比率が90%超で海外赴任は当然。永守重信社長は超有名。

学生にとっても、自然体の自分らしさを訴求できるし、カジュアルな雰囲気のなか、企業への理解を深めることができるので、一概に問題であるとは言えない。

昔は、「○○駅前の××という喫茶店の前でベースボールマガジンを持って待っているから、声をかけて!」というようなOB・OG訪問アポがよくあった。

ケータイがあたりまえの現在では笑える光景であろうが、就活の待ち合わせといえば、目印はベースボールマガジンという時代があったのだった。

また、OB・OG訪問では、おごってもらえるのがあたりまえになっているが、その資金源は人事の予算になっている企業もあるようだ。

学生ではなかなか食べられない高級ランチも、結局は採用予算から出ているのである。学生との接点はすべて採活なのだ。

エントリーシート全員通過企業の本音

書類選考を行わず、エントリーした学生全員に面接を受けさせる企業が増えているという。一次面接に「直行」というわけだ。

大手企業でも、この方式を取る企業が増えている。

日本放送協会　定年までに7回は転勤するとの噂。地方局でも左遷ではなく、全国ネットの番組制作・参加も可能。見た目よりも自由らしい。

学生に聞いたところ、損保ジャパンは、パンダのキャラクターが表紙の「面接に直行」というパンフレットをつくっているという。

また、エントリーシートを全員通過させるわけではないが、通過率をここ数年でアップさせたという企業の噂も聞いた。

マスコミ系の数社がこの施策を行ったのだが、これまで書類選考だけで落としていたような学生が意外に優秀であり、通過率を上げることで求める人材の採用を推進できたとのこと。

マスコミで実際に求められる力はタフかどうかなどの要素もあり、それはエントリーシートだけでは読みとれない可能性が高いらしい。

この形式には、学生にとってはつぎのようなメリットがあると思う。

- 書類選考において、「学歴」や「写真」などで落とされたのではないか？　という不透明感がない
- 一次面接には絶対進めるという安心感がある
- ちゃんと会って自分を見てもらったという納得感を得られる

バンダイ　本社のエレベーターがアニメ声。仮面ライダー・ガンダム・アンパンマンの声が就活生をお出迎え。一回限りか、ずっと聞けるか。

また、企業の側としても、

・エントリーシートでは見逃す可能性がある学生の「強み」を感じとることができる。特に、コミュニケーション能力、人間としての強さなど、直接会わないとわかりづらい部分を確認することができる

・人を大切にしている企業であるという雰囲気を醸成《じょうせい》できる

・社員と会うことによる企業の魅力訴求、リレーションの強化による辞退防止効果

などのメリットがある。

一見、良いことずくめのようであるが、この施策の背景には企業の「下心」が見え隠れしている。

つまり、このやり方は、新卒採用を行う難易度が高くなっている企業が採用するようになってきているということだ。全員と直接会ったところで、対面時間をそれほど長くは取れないはずである。フェアなイメージを打ち出しつつも、実際に通ったのは誰なの

バス・トイレタリー系企業　花王や小林製薬などは合同説明会などで商品のサンプルがもらえる。一人暮らしならちょっと得？

かも気になるところだ。

ちなみに、ある合同企業説明会を取材していた際に、この「全員と面接方式」をとっている企業の人事の方が講演されているのを聞いたが、エントリーシートでの印象と実際に会った印象はあまり変わらないことのほうが多いとのことだった。

結局、このやり方も、「人気対策」「辞退防止」の側面が強い。なりふりかまわない採用施策というわけである。

面接官はアマチュアだらけ

新卒採用の場面で登場する面接官。彼らはいったい何者なのか？　ここでは少し、学生にとっては恐怖の対象でもある面接官について考えてみよう。

実は、面接官の多くは人事部以外の人間である。

たとえば、面接に二人の社員が出てきたとしたならば、そのうちの一人は各部署で実際に働いている社員だと思っていい。

一般的に、たとえば一次面接が係長〜課長クラスだとしたら、二次面接には課長〜部長クラスが登場するようだ。一次面接の前にグループディスカッションなどがある場合

阪和興業　「吉本でもヤ●ザの下請けでもない」と社員が自虐ネタでまずアピール。実際は鉄鋼等の専門商社、売上は１兆数千億円を誇る。

面接官が好印象

順位	企　業　名	ポイント
1	みずほフィナンシャルグループ	16
2	日本電気	12
3	三菱東京UFJ銀行	11
	日本生命	11
5	ソニー	10
6	損害保険ジャパン	9
	東芝	9
8	三井住友海上火災保険	8
	本田技研工業（ホンダ）	8
10	全日本空輸（ANA）	7
	ニトリ	7

※印象の良かった面接官の企業を1社回答
出所：「週刊東洋経済」2008年6月28日号　調査主体：採用プロドットコム、みんなの就職活動日記

は、若手社員～主任クラスに担当させているケースもある。

人事以外の社員に面接を担当させる理由は、「会社に入って活躍できるイメージがあるか？」「自分の部下、後輩にいてもいいか？」を判断するためである。

営業や企画などの、現場の業務から離れている人事部の視点だけで採用していては、現場で使えない人材だらけになってしまうリスクがある。これを回避するために、彼らに面接官を担当させているというわけだ。

それに、働く社員との接点を通じて、学生に会社の社風や魅力を伝えるという意味もある。

また、面接の際に、逆に学生から現場の社員に質問をしてもらうことによって、その企業で働

日立製作所　家電以外にも鉄道事業など多角展開。イギリスでは高速鉄道車両「クラス395」を受注。欧米三強の打倒を目指し奮戦中。

くイメージを高めてもらうという意味だってある。

学生に話を聞くと、「面接の場で質問の時間があったから疑問を解消できた」「面接官の方が魅力的で、会社の悪いところまで教えてくれて好感が持てたので、企業を選ぶきっかけにもなった」などという声が聞こえてくる。

面接にはもちろん、人事部の社員も同席する。選考の運営、管理という側面もあるが、「選考に複数の視点を入れる」という意味合いが強い。

つまり、現場の人間ばかりで選考してしまうと、「今すぐ部下にしたいタイプ」が多く通過する傾向になってしまい、「現在、会社にはいないが、これから必要となるタイプ」「不器用だが、これから伸びそうなタイプ」などを見落としてしまいがちになる。

そこで、今後の組織を活性化させるためにも、人事部の視点も入れて、「今までにいない人材」「これから成長しそうな人材」を採用するのである。

さて、面接官を担当する人事部以外の社員に対しては、説明会が開かれ、採用活動の状況や今年度の採用ターゲット像、面接の進め方などが伝えられる。

最近、流行っているのは、人材サービス企業が行う研修の導入である。

ファナック　山梨本社の機械メーカー。多関節ロボットなどで世界シェアトップ。会社カラーが黄色で、ホームページも作業着も会社建物もすべて黄色（本当）。

そう、実は、面接官研修も商品化されているのだ。

たとえば、リンクアンドモチベーション社など数社は、面接官育成研修を提供している。また、面接官を教育するためのビデオ教材を提供している企業もある。

各社ともに、売り手市場のもと、大量採用を実施するために面接官を増員、強化する必要があり、このような商品・サービスに対する注目が集まっている。

具体的なプログラムとしては、「面接の基礎」「組織（個人）の振り返りや自己理解（組織や個人の現状を確認する）」「採用選考基準や面接シートの共有」「コミュニケーションと質問スキル」「魅力あるコンテンツの抽出と共有、ひきつける面接の実施」などが行われる。

つまり、面接官ごとのスキルや知識のバラツキを埋めていくというわけだ。

これらの研修には、面接官として「人を見る眼を養う」という意味があるが、「魅力的な面接官になってもらう」という意味もある。

面接官も社員であり、学生は「面接官が素敵だったかどうか」で就職先を選ぶ傾向があるからだ。絶対に学生の前でやってはいけないこと、聞いてはいけないこと、理想的な服装などを指導する研修もある。

フジキン　大阪が本社の機械メーカー。宇宙ロケット・船舶のバルブ、特殊精密電子などに強み。なぜか筑波でチョウザメの養殖事業も。

面接官に対して実施していること

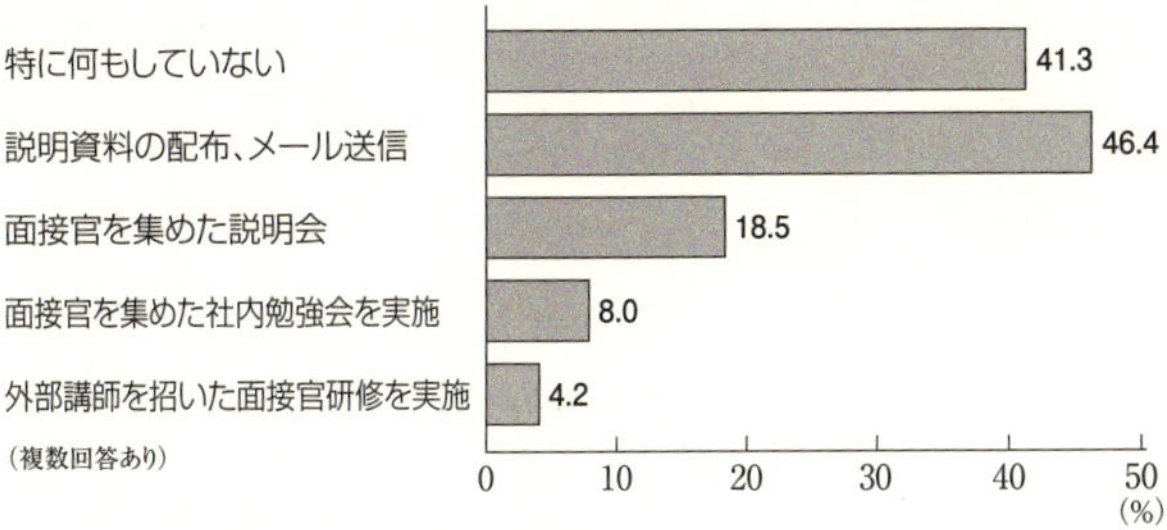

出所:「週刊東洋経済」2008年6月28日号　調査主体:採用プロドットコム

ただ、このような面接官向けの説明会や研修を行っている会社がすべてではない。

「週刊東洋経済」によると、面接官説明会を行った企業は18・5%、面接官を集めた社内勉強会を実施した企業は8・0%、外部講師を招いた面接官研修を実施した企業は4・2%にとどまった。

むしろ、多くの会社においては、まだまだ面接官は未成熟であると言える。

人事からマニュアルが送られてくるだけで、具体的な説明はまったくない状態で面接が行われることもよくある話だ。年度ごとの採用テーマや判断基準が共有され切っていないケースだってある。

結局、面接において、「自分にとって使いやすいかどうか」「今までのうちの会社にいそうかどうか」などの観点でジャッジが行われてしまうリスクがあるの

富士フイルム　旧社名の写真フィルムだけでなく、医療ビジネスなど多展開、化粧品事業も開始。説明会では化粧品が見られる。

である。

もちろん、面接官同士で判断基準がそろっていないなどのケースでは、人事担当者が入ることによって、そこを是正しているわけだが……。

なかには、人事担当者だけで面接を行う会社があるが、これもまた問題だ。

たしかに、彼らは面接の場数を踏んでいる「人事のプロ」ではあるのだが、実際に現場で活躍できそうかどうかという視点がまったく欠如してしまう可能性があり、入社し、配属した際にミスマッチを生むリスクがあるのである。

ちなみに、『採用氷河期』（原正紀著）には、「面接の落とし穴」がつぎのページのようにまとめられている。

面接官研修が行われていない企業、判断基準がそろっていない企業では、特にこのような失敗が起きやすいのではないだろうか？

こうして読んでみると、面接にかぎらず、普段、人を評価しようとする際にも、このようなズレ、ブレが起こりがちだと言えるだろう。

面接官が未熟である会社は、このようなズレた評価、ブレた評価で学生を選考してし

ホールディングス　他の会社を支配する持ち株会社。この方式の会社だと社員の平均年収がやたらと高くなりがちなので要注意。

面接の落とし穴

❖第一印象で評価してしまう(外観評価)
❖判断基準が不明確なまま選考を行う(面接官格差)
❖自分が理解できないこと・苦手なことを評価しない(主観評価)
❖一つのポイントで全体を判断してしまう(ハロー効果)
❖悪い点にのみ目がいく(減点評価)
❖自分と類似している点を高く評価する(類似評価)
❖前に会った者と比較してしまう(対比効果)
❖一つの面での特徴を全体のものと思い込む(一般化)
❖事前の特定の情報に過度に左右される(先入観)
❖大雑把な面接官は甘くなりがち(寛大化傾向)
❖神経質な面接官は辛くなりがち(厳格化傾向)
❖差をつけることができず、同じような平均点的評価が多くなる(中心化傾向)
❖ちょっとした差を極端に評価してしまう(極端化傾向)

まっている可能性がある。

しかし、裏を読むと、売り手市場下の採用活動は「新米面接官だらけ」。学生が企業に入りやすい状況はますます加速していると言えるだろう。

雑にならないよう、各社の面接官には気を引き締めてもらいたいものだ。

学生はお客様!?　過保護な「学生フォロー」

採用活動においては、「採りたい学生をいかにつなぎとめるか?」も大きなポイントとなる。

各選考プロセスで合格を出したからといって、学生は必ずしもつぎのステップに来てくれるとはかぎらない。その会社の優先順位が低ければ、他社の選考はもちろん、学校やサークルにアル

堀場製作所　京都の分析・計測器メーカー。一般の知名度ゼロも、自動車排ガス測定装置は世界シェア80%の隠れ優良企業。

バイト、さらにはプライベートのアポが優先され、辞退されてしまうこともよくあることだ。

採用担当者は、ちゃんと学生が面接に来てくれるかどうか、いつもひやひやしているのである。

たとえば、当初4名以上でやる予定だったグループ面接が、当日のキャンセルなどにより、2人で実施されることになるといったことはよくある話だという。

有名企業でも内定辞退率が50%を超える会社がざらにあるというが、選考プロセスでの辞退も含めると、かなりの人材が逃げていると言えるだろう。

そこで、つぎの選考プロセスを、メールや採用ホームページ内のマイページで告知するだけでなく、採用担当者が直接電話をかけて通知する方法が最近流行りつつある。

「○○さん、前回の選考ですが、通過しました！　つぎの選考は○月×日の午後△時からとなっています。選考会場は東京本社ビルです。10分前にロビーに来てください」

という具合に、わざわざ採用担当者が電話をかけて、自分に案内してくれる。情に訴

マックス　釘打機とホッチキスの国内シェアトップ。24時間換気システム、ミスト浴など住環境機器に参入。離職率低く、財務体質が高評価。

えかける部分もあるのだろう。

これにより、企業は選考への参加率アップを図ろうとしているのである。辞退防止対策だけではない。親切な会社であるという印象を与えることによる、就職人気企業ランキング対策の意味もあるようだ。

通知だけではない。その電話において、「面接アドバイス」まで行ってしまう会社もある。

「面接官のコメントをお伝えいたします。とても元気で明るい印象でした。特に、サークルの代表として、人間関係のトラブルを解消しつつ、チームを関東3位に導いた手腕や、家庭教師のアルバイトをしている際に、指導した生徒の成績アップを図るだけでなく、学校生活の悩みの相談にのってあげたエピソードが印象的でした。ただ、ときどき、話すのに一生懸命になって人の話を聞いていないことや、答えがややズレていることがありましたので、気をつけてください。つぎは部長職による面接です。リラックスしてのぞんでくださいね。それでは○月×日、お待ちしております！」

三井住友海上火災保険　インターンシップで損保業務を理解するビジネスゲームを実施し、人気を集める。保険業界再編で今後はどうなるか？

というように、採用担当者がアドバイスしてくれるのである。

過保護だと思う一方、よくそこまで手間をかけられるなと感心する。

採用アウトソーシング会社（データベースの運用や書類のコピーなどを代行する会社）のサービスメニューとして、「選考プロセス電話フォローサービス」が登場した。なりふりかまわぬ取り組みが必要ということか。

ついに企業説明会に親が参戦

最近の採用活動のキーワードの一つは「親対策」である。

現在の大学生の親たちは、バブル崩壊、リストラなどを身近に経験してきた世代だ。それだけに、我が子には「良い会社」に行ってもらいたいという思いが強いようである。

親からの就活アドバイスも「できるだけ大企業に行くべきだ」などという声が多い。

家族の関係の希薄化ということが言われて久しいが、就活をしている学生と接しているかぎり、むしろ逆のような気がする。親からのアドバイスに従う学生はかなりの数いるし、さらには親元を離れたくないという人も結構な数いる。

キャリアコンサルタントの高野秀敏氏は、『絶対に後悔しない就職先の選び方　親子

三井住友銀行　行員とのコミュニケーションが取れるラウンジを期間限定で設置。いろいろ話を聞くチャンス。

で戦う就職最前線』という本を書いたが、このような本が出版されること自体からも、就活が息子・娘だけの活動ではないことがうかがえる。

こうした流れにのって、各企業の人事部は「親対策」を進めている。予算が潤沢《じゅんたく》にある企業は、「親を意識した入社案内」を制作している。つまり、「うちの会社は、息子さん、娘さんが入社しても安心ですよ」ということを伝えようとしているわけだ。

就活ナビサイトも親向けの対策をしている。「日経就職ナビ」を運営しているディスコ社は、親向けの就職サイト「日経就職ナビ保護者版」を立ち上げた。これも、企業の親対策が顕著になっている証左《しょうさ》の一つであると言えよう。

合同企業説明会もそうだ。最近、学生とは思えない人がよく来ているという。まさに「親」である。息子・娘の就職に向けて、親自ら情報収集しようとしているわけだ。過保護と言えるかもしれないが、気持ちはわからなくもない。

また、親向けの会社説明会を実施している企業もある。

最近、就職人気企業ランキングで上位にランクインしている某人材コンサルティング

三ツ星ベルト　自動車のベルトが主力のゴムメーカー。神戸が本社。企業セミナーは自社の会議室で開催する変り種。

会社は、そのようなイベントを実施したことで、親からの信頼を勝ち得ているらしい。

実際にオフィスを見学してもらい、また、社長自ら登場し、親からの質問を受ける。これにより、ベンチャー企業に息子・娘が行くことの不安を解消するわけである。

この効果もあってか、ある年の採用においては、34人に内定を出し、32人が入社を決意したという。

この歩留《ぶど》まり率はきわめて高いと言えるだろう。

実は世代的にも、ここ数年の就活生は友達とは広く薄くつき合い、一方、親との関係は深い世代となっている。入社を決断する際も、「親と相談して決めます」と平気で言う学生が増えている。

「親対策」は、企業が意識しなければいけないキーワードの一つになっていると言えそうだ。とはいえ、親に依存しすぎな学生は、企業にとって最も必要ない人材の一つのはずなのだが……。

新卒採用担当者も悩んでいる

さて、ここまで主に企業の新卒採用担当者の取り組みを紹介してきたが、この章の最

村田製作所　セラミックコンデンサで世界トップ。「恋する部品製作所」のCMを流したり、「ムラタセイサク君」キャラで知名度アップ中。

後に、彼らの苦悩、課題をまとめてみることにする。

まず、「適切な母集団の形成ができるかどうか」という問題がある。

極端な話をするならば、１００人採用する場合、１００人の狙った通りの学生が応募してくるならいいのだが、そういうわけにはいかないのが実際のところだろう。

そもそも、人気がない企業は応募数自体が少ないうえ、質の面でも求める人材が確保できないという課題がある。

実は、人気企業も母集団に関する課題を抱えている。売り手市場においては、応募数の確保でも対前年比で維持するのは難しい。なぜならば、学生一人当たりの応募数が減っているからである。

さらには、人気企業ほど、「この企業に入れば安心」という動機で受けてくる依存型人材が多く、母集団の質が良質になるとはかぎらない。

それから、採用に力を入れている会社ほど、他業界、他企業志望の「異質」な学生に応募してもらいたいと望むものである。そのため、新卒採用担当者は、「興味を持っていない学生に振り向いてもらう」ことに尽力しなければならない。

ヤクルト本社　乳酸菌飲料でおなじみの食品メーカー。乳酸菌から開発した整腸薬など、医薬品やアンチエイジの化粧品事業にも拡大中。

実務上で各社の人事が直面しているもう一つの課題は、「良い学生を見逃していないか」ということである。

これは、就活中の学生にとっても聞き捨てならない課題だろう。

さまざまな社員の眼で見たり、各種適性診断プログラムにより、その学生の良い部分を見落とさないようにしているのだが、それでも見落としは発生してもおかしくない。

前述したように、最近では書類選考をパスさせて必ず全員を面接する企業まで存在するが、逆に、うわべのコミュニケーション能力が高い学生がよく見えてしまい、潜在能力は高いがまだ磨かれていない学生を見落としてしまう可能性もある。

ある学生のブログで、「コミュニケーション能力×学歴で就活は決まっているのではないか?」という議論が盛り上がった。

やや短絡的な考えであることは否めないが、学生がそう思い込んでもしょうがない選考を各社が実施しているのもまた事実である。

各種適性診断プログラムが発達してきているとはいえ、「これから伸びそうかどうか?」をどうジャッジするのかはなお課題である。

さらに、これは人事部の新卒採用担当者の情けない部分であるが、彼ら自体が、まわ

リンクアンドモチベーション　みんなでキャンプに行くインターンシップを実施。面接ではとことん本音ベースで話をさせる。

りから常に「振り回される」「流される」状態にあるということも大きな課題であろう。就職情報会社から各種データを突きつけられ、各種ナビサイトや合同企業説明会の企画を提案され、振り回される。

他の企業が説明会や選考、内定出しの時期を早めたのなら、負けないようにこちらも前倒しにする。つまり、流される。社内では、「他がそうしていますから」という理由がまかり通る。

欲しいと思った学生は「浮気症」「わがまま」で振り回される。

そもそも、学生から嫌われないように、ネットで「炎上」しないように、新卒採用担当者は常に腰を低く接しなければならない。

やや尖った、これから成長しそうな人材を採用すると、会社の内部からは「こんな使えない奴を採りやがって！」と批判される。

人事とは本来、経営の根幹に関わるものである。新卒採用とは、会社の未来をつくる人材を獲得する行為である。しかし、その大事な行為が、多くの企業において、「振り回される」「流される」ように行われていないか？

非常に危機感を感じるところである。

ルビコン　長野の電子部品メーカー。カメラのストロボフラッシュコンデンサは世界シェア70％。社是は「すべて日本一になりましょう」。

ぜひ、新卒採用担当者には「私はまったく振り回されていない！」と宣言していただきたいところだが、そう言い切れる人は多くはないだろう。

それに、新卒採用の仕事自体、成果をいかにして計るのかが悩ましいところである。たしかに、採用目標人数をクリアできたかどうか、当初目標としていた質に達しているかどうか、就職人気企業ランキングは何位だったか、などで計れなくはない。

しかし、「採用した人材が会社にどれだけ貢献したか？」ということこそが本質であるし、それを計るのは非常に困難である。

結局、この「成果が見えにくい」こと、そして、「直接的に価値を生み出していない」ことが、新卒採用担当の仕事の悩みである。

もちろん、取材を通じて、志の高い新卒採用担当者に何人も会うことができた。彼らのように振り回されず、流されず、誇りと本質を見る眼を持った新卒採用担当者が一人でも増えてくれたらと祈るばかりだ。

ローム　京都が本社の電気機器メーカー。2007年に世界最小の携帯用チップを開発。カスタムLSIで国内シェアトップ。

《第３章のまとめ》

◆就職人気企業ランキングは人事担当者が一杯飲むときの肴《さかな》になります。下降していると塩味が増します。

◆採用サイト・パンフレットには「ホンネ」と書いてあっても、99%はウソであり、多くの学生が騙されます。

◆「若手･女性が活躍できて離職率の低いコンサルティング営業」はイメージだけしか良くありません。

◆企業説明会ではやたらと素敵な社員が登場します。入社したら素敵でない社員ばかりでした。

◆企業説明会はやたらと高級ホテルで開催されます。入社したら、企業説明会以外に行く機会はありませんでした。

◆留学者が10年に１人しかいなくても､「留学制度が充実」と企業は言い張ります。

◆学生も面接官役の会社員も就職活動に慣れていません。

◆選考段階なのに面接のアドバイスをしてくれる過保護な企業が増えています。

第4章　インターンなんてやりたくない

いつの間にか就活の一部となった「インターンシップ」

結論から述べる。インターンシップは就活の仕組みの一つであると同時に、結果的には就活の早期化を進めている「A級戦犯」である。

もっと言えば、インターンシップをめぐる各社の取り組みは、茶番以外のなにものでもない。

この章では、昨今の就活の茶番ぶりを象徴する「インターンシップ」(以下「インターン」と略す)について、ひと言物申したいと思う。

まず、インターンとは何か?

インターンとは、夏休みや冬休みなどの一定の期間、職場で学生を受け入れて、社会人体験、仕事体験をさせることを言う。

欧米などでは、ビジネススクールの夏休みなどに、数カ月にわたるインターンが実施されている。仕事体験というより、実際の仕事をこなしてもらうものになっている。

企業の選考を兼ねているケースが多く、報酬も多額なものになるという。

ここまでは、インターン本来の意味である。

「今日の私を見て、どんな感想を持ちましたか?」 答えづれえなあ。それとも、うちの会社の面接は練習か? こっちは大迷惑だ。

海外から輸入したものはなんでも変えてしまわないと気が済まない日本人は、インターンも大きく変えてしまった。

本来の意味でのインターンもあれば、それ以外のインターンも存在する。

1990年代において、日本企業でインターンを実施している企業はほとんどなく、外資系企業がその中心だった。戦略系コンサルティング企業のマッキンゼー、消費財メーカーのP&Gは、当時からインターンを実施していた。

といっても、広く募集を行っていたわけではない。東大、京大、一橋大、早慶上智などの上位校を中心に、学内に張り紙をし、募集を行っていたのである（そう、当時はまだネットが本格的に普及していなかった）。

インターンに参加した学生はプロジェクトチームをつくり、あるテーマについて調べる。受け入れ期間は10日程度。奨学金は一日あたり1万円ほどで、通常のアルバイトなどと比べても、突出して高額というわけではなかった。

日本でのインターンは、このように当初はアメリカの影響を受けつつも、受け入れ期間、実施方法などでアメリカのものと大きく異なっていたのである。


「今後の就活の参考までに、なぜ落ちたのか教えてください」　教えられるわけないだろ。てめえで考えろ！　そんな貴様が大嫌いだ！

インターンシップへの参加状況

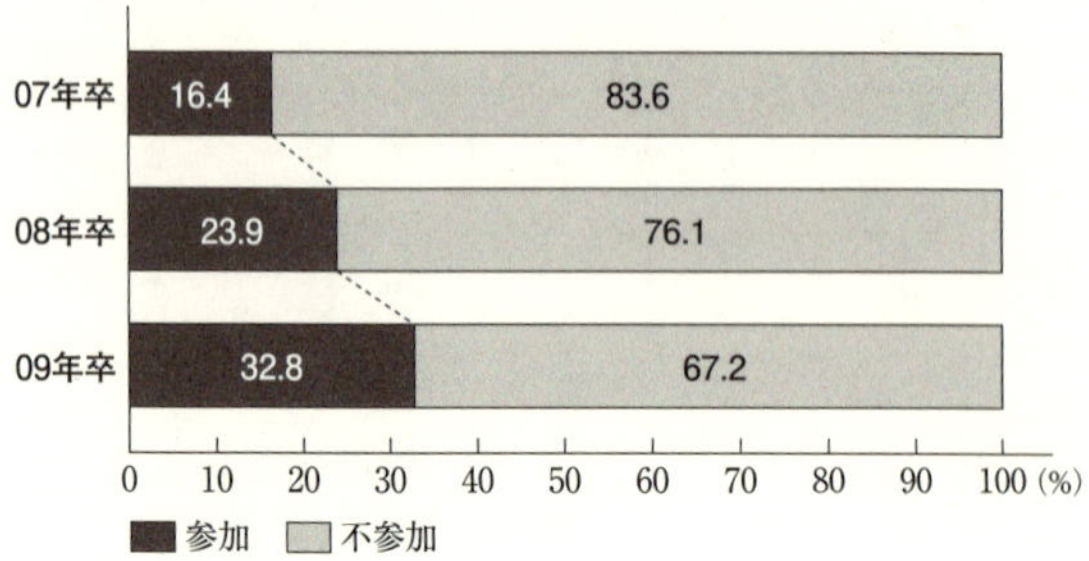

出所：文化放送キャリアパートナーズ『就職活動調査』

その後、日本企業でもインターンが盛んに行われるようになったのは２０００年頃からだ。

その頃、大手企業を中心に、インターンが実施されるようになった。長びく不況で人材採用方法を模索するなか、一方策として浮上してきたからだ。とはいえ、依然としてインターンは上位校中心の文化であった。

それに、学生や企業の間にインターンが定着していたわけでは決してない。その分、「インターンに応募するような学生は情報感度も高く、働くことに対する意欲も高い」と言われていた（現在でも、この言葉は就職情報会社がインターン関連の合同企業説明会を企業に提案する際の「営業トーク」として使われている）。

そして、年を重ねるごとに、インターンを実施する企業と学生の数は増え続けてきた。これは、職業体験によるニート・フリーター対策などを含めた、国や大

「あの、仕事は楽しいですか？」　あのさあ、どう答えろって言うんだよ。それともなにか、楽しくないように見えたか？

学での推進強化の影響もあるが、２００５年頃から、新卒採用が売り手市場化してきたことが大きく影響している。

つまり、採用活動の強化という側面が強い。

学生たちも、先輩たちが大学3年になればインターンに出かけて行っている（少なくとも、インターンの説明会などに参加している）様子を見て、「大学3年生の夏はインターンをするもの」という意識になっているようだ。

大学の就職課も、学生がインターンに行くことを推奨している。

198ページの図にもある通り、大学3年生の約3割は、夏休みにインターンをなんらかの形で体験している。

このように、いまやインターンは「やるのがあたりまえ」（少なくとも、応募するのがあたりまえ）のものになっている。

一方、いわゆる「インターンの大衆化」が起こっており、以前のように「感度が高く、意欲も高い優秀な学生」だけが参加しているものとは言い切れなくなってきてもいる。

そして、これはあとでじっくり述べるが、企業のインターンのプログラムも、本来の

「御社の選考では、本当の自分と御社が求める自分、どっちを出すべきだと思いますか？」　そういう質問をするバカはいらん。

「仕事体験」からどんどん離れたものになりつつある。

間違いないのが、インターンが就活のキックオフ的位置づけとなっていること、そして、「仕事体験」という大義名分をうたいつつも、本来の姿とは異なるものになってしまっているということである。

企業の本音は「やらざるをえない」

さて、企業はなぜ、わざわざインターンシップを実施するのだろうか？ より具体的に見ていこう。

大ざっぱにまとめると、インターンの目的とタイプはつぎのページのように分類される。実際には、この分類だけでなく、いくつかのタイプがミックスされたパターンで実施されているし、社員や内定した学生の参加するインターンもある。

なお、大きな分類として、参加者の応募ルートが学校指定型（特定の学校から受け入れを行う。受け入れる学生もその大学から推薦してもらう）とオープン応募型（学校名にかかわらず応募してもらい、選考を行う）に分かれることも覚えておこう。

「ぶっちゃけ、お給料いくらですか？」 株式報告書見りゃ一発だろ。彼女にも明かしていない秘密を聞くんじゃねえ。

インターンシップの分類

名前	期間	参加者の選定方法	内容	特徴・目的
説明会型	1日	自由応募、先着順、抽選など（※あまり厳密ではないし、低倍率）	企業・業界説明会、社員との懇談会、グループワーク、工場見学	●受け入れ人数を増やすことで企業名をアピール ●多数いるインターンシップ希望者を落とさないことで、無用の恨みを買わない
採用直結型	1カ月前後、またはそれ以上	エントリーシート、面接など(※高倍率)	個人課題、グループワーク、仕事体験など	●一定期間に課題を付与、その進行度などから採用の是非を選考する ●早期から採用活動を実施することによる企業名のアピール
大学取りまとめ型	1カ月前後	各大学の就職担当部署が取りまとめ（※他大学からの応募は不可）	グループワーク、仕事体験など	【企業側】大学との関係強化、大学・学生に対するＰＲ活動・ＣSR(企業の社会的責任)活動の一環 【大学側】学生に対する就職支援策の一環、受験生・保護者・高校へのＰＲ
教育直結型	2週間～2カ月	開講時の履修手続き（※担当する学部、学科などが取りまとめ、単位を認定）	グループワーク、仕事体験など	【企業側】大学との関係強化、大学・学生に対するＰＲ活動・ＣＳＲ(企業の社会的責任)活動の一環 【大学側】学生に対する就職支援策の一環、受験生・保護者・高校へのPR 【学部側】キャリア教育の一環、学部の特性をアピール
仕事体験型	2週間～半年	エントリーシート、面接など(※高倍率)	仕事体験	●本来の意味でのインターンシップ ●受け入れ人数が少なく、人気企業・業界だとすぐ高倍率になりがち。選考漏れの学生から無用の恨みを買いやすい
アルバイト型	2週間～半年	面接など	仕事体験	●単なるアルバイトをインターンシップと言い張って募集 ●仕事体験とはいえ、実態は単なる雑用処理のアルバイトと変わらないことも ●学生からは「アルバイターン」とも呼ばれる

「あの、御社はどんな会社なのですか？」　調べてから来いよなあ。ま、君を採用しない会社であることは間違いないよ。

では、企業の人事担当者から聞いた、インターンを実施する「建て前の理由」を紹介しよう。

一つは、「仕事体験の機会提供による社会貢献」だ。

ニート・フリーター問題や、「3年3割問題」が顕著となるなか、少しでも多くの学生に「仕事体験」をしてもらい、社会との接点を持ってほしい。その機会を提供しよう、というわけである。

なるほど、もっともらしい理由ではある。しかし、つぎの項目で詳述するように、この「仕事体験」は現実とは大きくかけ離れているのが実態である。

そして、もう一つの建て前としては、「社内の活性化」がある。

インターンによって若い学生を社内に入れることにより、一般の若者の視点を取り入れられ、社内が活性化するというわけだ。商品・サービスだけでなく、事業運営なども含め、「若者の眼」で見てもらい、改善していこう、ということだろう。

また、社内の活性化に近いが、「若い社員の育成のため」という理由もある。

まだ部下を持っていない若手社員に学生の指導を任せることにより、仕事の基本を再確認させるだけでなく、マネジメント力やリーダーシップも発揮してもらおうというわ

「三流大学ですけど、採ってくれますか？」 じゃあなにか、うちは三流会社か？　大学ごときでウダウダ言うんじゃねえ。

けだ。

ここまでが、よくある建て前の理由である。では、「本音の理由」は何か？

一つは、「早期からの学生の囲い込み」である。いわば、採用活動が本格化する前に、「早めに学生にツバをつけておく」というわけだ。

実際に、夏のインターンに参加した学生に内々定を出す企業も、外資系企業やベンチャー企業を中心に、まれに見られる。

たとえば、人事情報システムなどを手がけるIT企業のワークスアプリケーションズは、インターン参加者の囲い込みを強化していることでよく知られている。

インターンを行った学生のうち、優秀な学生には、なんと最大5年間有効の「内定パス」を出している。

このインターンには大学1年生から参加可能だ。また、5年間有効ということは、大学院に進学しても、最初は他社に就職しても、入社できる可能性が高い。

「課題解決」など、インターンのテーマを学生が関心を持ちそうなものにしているのもポイントである。「社名はよく知らないけど、そのテーマなら受けてみようか」という

「御社に行くかどうかは、親と相談して決めます！」　自分で決めろ、ボケ！　一生親任せで幸せになりな！

学生が集まるからだ。

正直、企業としての一般的な知名度はまだまだ低いと言わざるをえないが、インターンプログラムの知名度は学生の間で絶大である。２００８年のインターン説明会には、実に1万人の学生が参加したという。

内々定や内定パスを出さないまでも、採りたい学生に継続的にコンタクトを行い、選考において途中のプロセスをパスさせる（本人に伝える場合と伝えない場合があるが）などの策を実施している企業もある。

もっとも、大学3年の夏に「内々定です」と言われたところで、学生も「決断できない」のが本音であろう。「もっと他に良い企業があるのではないか？」と考えるに決まっている。

特に売り手市場となり、新卒採用の状況がかつての氷河期から温暖化に向かった現在では、囲い込みの意味はかなり薄れている。

では、企業がそれでもなおインターンシップを実施する最大の理由は何か？　実は、「早期から就職先として認知させるため」である。

つまり、「鳥ははじめて見た動いたものを親だと思う」のと同様、早い時期から「就

「地元を出たくないんですけど」　じゃあ、出るな。誰もあんたに田舎を出て都会の空気を悪くしてくれと頼んじゃいないんだし。

職先の企業」として頭のなかに刷り込んでおきたいというわけだ。

この時期に強烈なインパクトを残しておけば、その後の正式な採用でのエントリーや、就職人気企業ランキングでの順位アップなどが狙えるし、逆にインターンを実施しなければ、企業としての存在感は薄れてしまう。

リクルートや毎日コミュニケーションズ、エン・ジャパンなどの就職情報会社も、インターンの募集時期である大学３年の５月から６月にかけて、インターンの合同企業説明会を開いたり、ナビサイトを強化したりしている。このなかでも、インターンの合同企業説明会は年々、動員数が増加傾向にあるようだ。

いまや、「就活はインターンから始まる」とさえ言われる時代である。多くの企業がインターンを実施し、学生も参加するので、企業にとっては「やらざるをえない」状態になっていると言えるだろう。

企業がひねりだした「1日インターン」

では、ここからは、インターンプログラムの中身に迫ってみることにしよう。

結論から言うと、「仕事体験」という大義名分からは大きく離れたものがほとんどで

「インターンをしないと不利ですか？」　うちはどっちでも。学生なんだから、有利不利とかセコいこと考えるなよなあ。

ある。いまや、企業や社会人との接点が少しでもあれば「インターン」を名乗っているのが現状だ。

その最たるものが、セミナー形式の「1日インターン」。文字通り、1日で仕事体験をしてしまおうというプログラムである。

学生は、企業のホールや会議室に集められる。一回の参加者は企業によるが、数十名から百数十名程度の規模である。そして、採用担当者や実務を担当している先輩社員が、「業界研究」や「仕事研究」と称された講演を行う。学生は席に座り、講演を聞きながらメモを取る。あるいは、居眠りをする。

「それって、普通の就職セミナーじゃないか!?」と突っ込みたい人もいることだろう。

その通りである。仕事体験の要素はそこにはない。しかし、学生も「企業の話を網羅《もうら》的に聞きたい」と思っているので、実はニーズは合致している。

仕事体験的なコンテンツが盛り込まれている1日インターンもあるにはある。「グループディスカッション」や「ビジネスゲーム」などがそれに相当する。

ここでは、ビジネスゲームについて説明しよう。

参加した学生は、各テーブル6名程度ずつに分かれてチームを結成する。各チームに

「夏休みはどう過ごすべきですか？」知らないよ、そんなの。一夏かけて、そのセコい発想を変える努力をしてくれよ。

は役割が与えられて、チーム同士で競い合う。

たとえば、商社のビジネスゲームの場合は、各チームが各国の役目に分かれて、国際間取引、貿易をそれぞれの立場で考える。ある案件について、投資すべきかなどを意思決定する。ゲームを楽しみながら、商社のビジネスの仕組みがわかるというわけだ。

他にも、チーム内で議論するものなど、さまざまなパターンがある。

しかし、これらは「仕事の疑似体験」ではあるが、やはり「仕事そのもの」ではない。なのに、参加した学生は「ビジネスの仕組みがわかった！」「楽しく参加できた！」と満足げである。

「これのどこがインターンか？」と言う声ももちろんあるが、企業はそう言い切っているし、学生も「これもまたインターンだ」と認めているので、しょうがない。

1日インターンに関する学生のブログなどを読むと、「あの会社のものはよくできていた」など、お客様の視点、受け身の姿勢で評価するものが多数見受けられる。

本来、インターンという仕事体験を通じて学ぶことのなかには、自ら行動を起こすことなどが挙げられているはずなのだが、1日インターンに参加する学生は、そのような視点を持たないらしい。

「大学院に行こうかどうか悩んでいます」　勝手に悩め。ここは職員室でも家族会議の場でもないし、神父の小部屋でもない。

俺ってもしかしてアルバイト?

では、1日インターン以外のインターンプログラム(数日〜2週間程度かかるインターン)のなかで、特にユニークなものを紹介することにしよう。

インターンプログラムでよくある例は、「学生に新規事業や新商品を考えさせる」というものだ。学生同士でプロジェクトチームを組ませ、企画を立案、提案させるというわけである。ベネッセコーポレーションやサントリー、ローソンをはじめ、この形式を採用している企業は多数見受けられる。

しかし、これも、仕事体験と言えるのだろうか?

一見すると、仕事そのもののようではある。が、社会人になってからの日常業務は「新規事業や新商品の開発」だけではないはずだ。

しかも、これらのインターンは、学生にプロジェクトチームを組ませ、考えさせる形式をとっている。社員からのレクチャーやフィードバックを受ける機会はあるものの、学生だけで行動する時間が長い。これでは、大学のゼミ活動とあまり変わらないのではないかという声もある。

「キャリアアップはできますか?」転職して踏み台にするとでも? うちは定年まで働いてくれる社員が欲しいんだ、よそに行け!

もちろん、明確に仕事体験の要素があるインターンもなかにはある。

たとえば、損保ジャパンなどは、営業担当者にひたすら同行するというインターンを実施していた。一見すると地味であるし、自ら「仕事」をする要素は少ない。ただ、仕事の実態を見せるという意味を立派に果たしていると言える。

「社員に同行」といえば、ベンチャー企業のなかには、「社長のカバン持ち」を体験できるインターンを実施している企業もある。かなり赤裸々に、社長の一日のほとんどすべてを見せるという大胆なインターンである。

インターンの学生を戦力ととらえ、多岐にわたり仕事を任せている企業も、ベンチャー企業には多数見受けられる。これらの企業では、インターンを実施する時期を夏休みなどに限定せず、一年中受け入れを行っている。営業などの仕事を、インターン生に任せるというわけである。

実際、ある会社の人事担当者によると、人材系のベンチャー企業の営業担当者として、インターン参加の学生がやってきて驚いたという。

なるほど、これらの企業は立派に仕事体験をさせていると言えそうだ。しかし、一部では、「割安の人件費で戦力を確保しているのではないか?」という指摘もある。


「御社は第一志望群です！」なんだその変な日本語は！　群って、他社もあるってか。正直に言ってみろ！

つまり、「仕事体験をさせてあげる」という名目で、社員はもちろん、通常のアルバイトよりも安い人件費で労働力を確保しているのではないかという指摘である。報酬（奨学金と呼ばれるケースも多い）の金額を学生がどうとらえるか？　学生によっては、こうしたインターンを「アルバイターン」と呼ぶらしい。インターンとして意味があると言えるか、それとも、単なるアルバイトで終わるのか、悩ましいところである。

以上のように、実際のところ、インターンは仕事体験になっていないケースが多い。なっていたとしても、さまざまな問題を抱えている。

しかし、国や大学は「仕事体験をさせるべきだ！」と推進の動きをする。企業や学生は仕事体験とは程遠い行為を「インターンだ！」と言い切る。きわめてわかりやすい茶番劇、偽善が行われていると言えよう。

そんなに他社を妨害したいのか！

さて、ここまでは夏のインターンを中心に書いてきたが、冬や春のインターンは、他

「なぜ、人事をしているのですか？」仕事だからだよ。あと、貴様のようなバカを落とすためにもな！　それとも何か？　人事イコール不幸ってか？

社への就活を妨害する「拘束型《こうそく》インターン」の要素が強くなる。

セミナーや選考など、就活真っ最中の時期にインターンを実施し、他社への就職活動を妨害。早期に内定を出し、囲い込んでしまう。

学生から聞いたところ、某ヒルズ系企業は2006年の2月〜3月にインターンを実施した。ちょうどホリエモン騒動の渦中で、IT系企業のイメージが大暴落していた頃ではあったが、とはいえ、六本木ヒルズでインターンを体験できるのは学生にとって魅力的であった。

学生の獲得には直結しなかった、という声も聞こえてきてはいるが、就職活動が忙しい時期に学生を囲い込むための効果的な手法と言えるだろう。

一方、各社の採用担当者から非難を浴びたのが、まさに新卒採用になくてはならない就活ナビサイトを運営している某就職情報会社のインターンである。

各企業が説明会や各種選考などを行う2008年2月〜3月に実施。参加した学生は他社の選考に参加できなくなってしまう。そして、優秀だった学生から順に4月以降呼び出し、内定を出していく。完全なる囲い込み型インターンである。しかし、そこで内定が出なかった学生は、単純に就職活動を邪魔されただけになってしまう。


「もう1回、受けさせてください」　あのさあ、1人1回がルール。ゲームじゃあるまいし、やり直しなんてないんだよ。リセットはゲームだけだ！

「うちの就職情報サイトに掲載しないと、新卒採用する企業として認知されませんよ」という強気な営業をしつつも、他社の採用活動はしっかり妨害するというのはいかがなものか。

最終的な就職先の決定などは本人に委ねられるし、インターンに参加するからには相当に志望度が高い学生が参加していることは間違いないと思うが、企業活動の表向きのスタンスとやっていることが真逆であるのは、滑稽《こっけい》としか言いようがない。

今後もこれを上回るような、えげつない妨害型、拘束型のインターンシップを実施する企業はあるだろう。もちろん、「インターン→早期内定」で学生を囲い込むためだ。おそらく、倫理憲章にサインをしない外資系企業やベンチャー企業は、同じような動きをするはずだ（最近は、これらの企業も憲章を守るようにと促す声も多いが）。

学生のなかに、このような動きに対する不信感が生まれていることを期待したいところである。

企業が意地汚い手に走る今だからこそ、本当に企業はアナタを必要としているのか？それとも、誰でもいいから早めに獲得して安心したいだけなのか？　学生には見分ける力量、見限る勇気を持ってもらいたい。

「面接の補足説明をさせてください」　その場で簡潔に説明しろ。きちんと説明できないバカはいらん。面接の練習ぐらいしてきなさい、ね？

インターンに参加すれば有利、は本当か？

大学3年生を中心に、「夏はインターンをしなくては……」と思っている学生は多い。では、そもそもインターンをすると就活は有利に運ぶのだろうか？

結論から言うと、「有利とも不利とも言えない」というのが真実である。

選考上有利なのかどうかでいうと、たしかに、採用する際にインターン参加者を優遇する企業は存在する。すでに述べたように、外資系企業やベンチャー企業などを中心に、インターン終了後に内定を出す企業すらある（学生や人事担当者の間では「インターン内定」と呼ばれている）。

新卒採用の選考の際、本人には伝えずに、一部の試験を実質免除している企業などもある。なかには、「インターンで優秀だった君は、途中の選考を免除するからね」と伝える企業すらあるようだ。

しかし、ネットの時代、この手の情報は「みんなの就職活動日記」などの掲示板にすぐ流出する。「炎上」の原因になる可能性もあるので、伝え方にはかなり気をつけなくてはならない。

「競合する○○社との違いを教えてください」　営業妨害になるから迂闊（うかつ）なことは言えん。空気を読め、空気を。

さらに、優遇はしていないが、結果として、インターン参加者の半分を採用した企業もあるという。

インターンをすることによって、企業の内部を覗くことができるので、仕事内容や風土などをより理解することができ、企業に対する理解が深まるというメリットもあるだろう。各企業を分析する際も、比較対象となる企業ができるので、就活を進めやすくなるはずである。

しかし一方、多くの企業では、前述したように、いまやインターンを「企業を認知させる最初の場」としてとらえており、べつにインターン（特に夏のインターン）で優秀な学生を発見し、囲い込めるとは思っていないのが現状だ。

大学3年生の夏の時点では、学生も洗練されていない。この時期では「採用するべき学生かどうか」をジャッジできないという声もある。

実際、各社の人事担当者にヒアリングをしてみると、インターンの選考を落ちた学生が内定し、逆に、インターンで受け入れた学生が落ちてしまうこともよくあるという。

学生は就活を通じて急速に成長していく。インターンに落ちた学生にもチャンスはあるということである。

「福利厚生はどうなっていますか？」 福利厚生のどの部分が気になる？ そもそも、大体のところ公開しているから調べてくれよ。

それに、学生の側も、インターンを「あくまで就活の練習」「企業を知るための第一歩」としてとらえているようだ。

そもそも、インターンの中身は本来の仕事体験から大幅にズレている。いわゆるセミナーそのものであるケースもあれば、バイトの域を出ていないものもある。このようなことに時間を費やすのならば、夏休みに好きなことをやったほうがよっぽど自分のためになるし、成長の機会にもなる。

それでも、インターンに参加すると就活が有利に運ぶと思われているのはなぜか。実は、インターンそのものとは関係のない要素が影響している。

それは他でもない、「異なる大学、異なる集団、異なる世代」との接触である。

今の学生は、「同じ大学、同じ集団（ゼミ、サークルなど）、同じ世代」に安住する傾向がある。第2章でも述べたように、OB・OGが多数出入りする慶応大のゼミや、一部有名大のサークル、理工系大の研究室などを除けば、せいぜい学年が多少違う程度。「同じ」に慣れきっており、就活で「異なる」に触れるとボロボロになってしまう学生も少なくない。

その点、インターンに参加すると、就活前に「異なる」に触れることができる。イン

「転勤とかありますか？」　あるに決まってんだろ！　転勤がイヤなら転勤のない職種か契約社員にでもなりな。あと、「とか」って日本語やめろ！

ターンに参加しておくと、インターンに参加せず、「異なる」にまったく触れていない学生よりは、ボロボロにならずに済む。

このあたりの事情が「インターン有利説」を広めることとなっている。

もっとも、「異なる」に触れる手段はインターンだけではない。ゼミ合宿でもいいし、大学の調査実習でもいい。ボランティア活動でもいいし、極端な話、親戚付き合いでもいい。

インターン以外で「異なる」に触れていれば、それはインターンと同等の効果がある。学生によっては、インターン以上の効果があるかもしれない。

そうした学生は、インターンにわざわざ参加しなくても、十分に有利な状態で就活にのぞむことができるだろう。

インターンをするべきかどうか、決めるのは学生本人だ。べつにしてもしなくてもいい。これが実態である。

インターンに難関大生が集う理由

偏差値の決して高からぬ大学の学生はつぎのように主張する。

「営業ってつらいですか？」 つらいに決まってんだろ！ 営業にかぎらず、どんな仕事でもつらいときがあるのはあたりまえじゃ、ボケ！

「インターンから学歴差別が始まっている！」

それは正しいのかどうか。就活と学歴の関連は第２章で触れているが、この章でも少し説明しておこう。

今までの結果から言えば、インターンの参加者には、東大・早慶など難関大の学生が多い。これはまぎれもない事実である。

１９９０年代から始まった日本のインターンは外資系企業が中心。外資系企業は難関大ブランドを日系企業よりもありがたがる傾向がある。そのため、当初は東大や早慶など難関大の学生が中心だった。

要するに、インターンの情報を持っているのは難関大の学生であり、それ以外の学生はインターンの存在にすら気づいていなかったのである。

しかし、ある程度、インターンが浸透してくると、就職情報会社がインターンのイベント（合同企業説明会）を開催するようになる。

ここでポイントとなるのは、その開催地だ。就職情報会社もビジネスである以上、日

「配属の希望はどのくらい通りますか？」　どのくらいって、どう表現するつもり？　くだらない質問をする貴様の率はゼロ％だよ。

本全国どこでも開催するというわけではない。ほとんどが東京での開催となる。

さらに、もともとインターンの情報を持っているのは難関大の学生。前年、インターンに参加、就活を経験した4年生は後輩にこう言う。

「インターンに参加しておくと、いろいろ得だ」

先輩学生にこう言われた後輩学生は、とりあえず、インターンのイベントには参加する。

こうした循環が、中堅以下の大学にはない。なぜなら、インターンに参加した先輩学生が少ないからだ。さらに言えば、インターンイベントの開催地である東京から遠く離れた地方大の学生は知る術《すべ》もない。

この時点で、中堅以下の大学や地方大の学生はインターン参加の比率が少ないに決まっている。有利不利以前に、選考に参加していないからだ。

インターンが中堅大にも浸透した2007年以降も、状況は大きくは変わらない。難関大の学生の間では完全にインターンの情報が行き渡っている。人気企業のインターン

「御社が直面している○○という課題の対策はどうなっていますか？」 君はどう思う？　うちも困ってるんだよ。入社して解決してくれよ。

は倍率が高いことも熟知している。

その点、中堅大や地方大の学生の間では、インターンの存在こそ知っていても、「3年生のうちから就活にがんばらなくても」というあたりで終わってしまう。

仮に、インターンイベントに参加、選考に応募したとしても、まさか倍率が高いなどとは考えていない。自分の希望する企業のみに応募、あえなく玉砕する。

そこで、出てくるのが、

「インターンから学歴差別が始まっている！」

ま、悔しい気持ちはわからないでもないが……。実態は、難関大生のインターン志望者が多く、中堅・地方大のインターン志望者が少ないだけ。志望者の多い大学は、偏差値の高低に関係なく、参加者が一定数出ることになる。単に確率の問題にすぎない。

それに、インターンは企業だけとはかぎらない。NPO団体、市役所・県庁などの自治体、商工会議所などが主催するインターンもある。

地方だから、中堅大だから不利？　理屈と絆創膏《ばんそうこう》はどこにでもつくとは昔の言葉だが、

「私はクリエイティブな仕事が向いていると思います」　どの仕事もクリエイティブだよ。広報や企画の仕事をクリエイティブと決めつける感性は貧しすぎるだろ。

これは今でも変わらない。

学歴差別だなんだと理屈をつける前に、選考に参加すること。インターンに参加したいなら、それがすべてである。

＊

ここまで、茶番の象徴であるインターンシップの実態を見てきた。

この茶番は誰が始めて、いったいいつまで続くのか？

ある大学関係者は、「諸悪の根源は就職情報会社。インターンにかぎらず、就活が歪《ゆが》むすべての原因をつくっている」と、就職情報会社悪玉論を展開している。

そこまで言われてしまう就職情報会社とは何者か？

つぎの最終章では、彼らの実態を明らかにしていきたい。

「数回の面接で、私のことがわかるものなのでしょうか？」　こっちも大変なんだよ。数回の面接でバカかどうか見抜かなければいけないし。

《第4章のまとめ》

◆インターンシップは直訳すると「仕事体験」です。

◆インターンシップを日本の現状に沿って意訳すると、「企業説明会」もしくは「アルバイト」です。

◆インターンシップを某就職情報会社の現状に沿って意訳すると、「学生を囲い込み、他社の選考を妨害するための手段」です。

◆日本の企業はインターンシップを広めた外資系企業が大嫌いです。

◆インターンシップによって「就活用定期券」をくれる企業があります。

◆インターンシップによる就活への効果は鰯《いわし》の頭、神社のお守りなどと同じくらいです。

◆親戚付き合いのある学生はわざわざインターンシップに参加する必要がありません。

◆「インターンシップから学歴差別が始まる」と主張する学生は、高校時代に「確率・統計」の授業をサボっていました。

第5章　マッチポンプで儲ける就職情報会社

就職情報会社の顔ぶれ

就活における諸悪の根源と言われているのが、リクルートや毎日コミュニケーションズをはじめとする「就職情報会社」である。

これらの企業が、学生や企業を煽り、搾取を行っていると言われている。いわゆる、自分たちで火をつけ、自分たちで水をまいて消す「マッチポンプ」に近いとも指摘されている。

一方、彼らも、採用広告などは採用マーケット連動型ビジネスであり、マーケットの浮き沈みにより業績を左右されるというビジネスモデルの限界を抱えている。

彼らが何を行っているのか、今、彼らの間で何が起きているのかを紹介しよう。

まず、主な就職情報会社の顔ぶれと簡単な特徴を紹介したい。特に、学生や企業にとって影響力の強いリクルートと毎日コミュニケーションズを中心に紹介することにする。

【リクルート】

人材ビジネス以外にもさまざまな情報ビジネスを展開し、グループ全体の売上は1兆

2.14倍　2008年度・2009年度の有効求人倍率（リクルートワークス研究所）。バブル期に迫る勢い。売り手市場などと言われるが今後はどうなる？

円を超えている。就職に関するビジネスは創業当時から行っており、彼らの原点である。新卒採用向けの主なサービスでは、就活ナビサイト「リクナビ」や就職情報誌「就職ジャーナル」、そして各種イベントなどを提供。最近では、学生と企業をつなぐ「新卒斡《あっ》旋《せん》」のビジネスも展開している。グループ全体で人材ビジネスをほぼすべてカバー。ちなみに、グループには、学生が就活中に受けるＳＰＩなどの各種診断プログラムや教育研修を手がけるリクルートマネジメントソリューションズもある。営業力（特に提案力）は強い。

【毎日コミュニケーションズ】

こちらも、リクルート同様さまざまな情報ビジネスを展開。新卒採用だけでなく、中途採用のビジネスにも強みを持っている。ナビサイト「マイナビ」を運営。このサイトはリクナビを急速に追い上げており、掲載企業数、登録会員数もリクナビに迫る勢いで伸びている。また、この会社が運営する合同企業説明会は、動員数と企業の顔ぶれに定評がある。特に、12月に東京で開催されるイベントには２日間で７万人前後の動員があり、各企業にとって「参画せざるをえないイベント」となっている。

0.77倍　2009年度、1000人以上の企業に限定した有効求人倍率（リクルートワークス研究所）。大企業志向が顕著に。売り手市場と言っても激戦。

【ディスコ】

ナビサイト「日経就職ナビ」や各地での合同企業説明会を運営。日本経済新聞社とコラボした企画が多数ある。たとえば、各種合同企業説明会では「日経の読み方講座」などが実施されている。各種商品・サービスの企画、イベント運営ともに、「こなれている」という評価が企業から聞こえてくる。

【エン・ジャパン】

中途採用では日本最大級のサイトを運営している。ここ数年、新卒採用向けサービスを強化中。特に、サイトの掲載社数アップに力を入れている。合同企業説明会に対しては、企業の顔ぶれがよいうえ、「意欲の高い学生が集まる」との評価が企業から聞こえてくる。

【ジェイ・ブロード】

角川書店とタイアップした就職情報誌「就職ウォーカー」とそのネット版を展開。経

1万1485人　大卒者のうちの、いわゆるフリーター数。某大学では某週刊誌の「フリーター率調査」に大激怒、6年前の抗議文を長らくHPに掲載。

済産業省とコラボした、「働く」について考えるイベント&サイト「レッツ」を運営している。

【学情】

ナビサイト「学情ナビ」、合同企業説明会「スーパー・ビジネス・フォーラム」を運営。スーパー・ビジネス・フォーラムは、企業の顔ぶれ、学生の動員数、参加学生の意欲などに定評があり、企業から高い評価を得ている。もともとは転職情報サイトの運営会社として有名。

【みんなの就職（楽天）】

「みんなの就職活動日記」を運営している。いわゆる学生の就職掲示板である。ナビサイトの運営は行っていない。「みんなの就職」ブランドの合同説明会を実施している。もともとベンチャー企業が運営していた「みんなの就職活動日記」を楽天が買収。運営母体は現在、楽天である。ちなみに、楽天が買収した理由は、楽天全体での若い会員の獲得のためだったと言われている。

4.26倍　2009年度、1000人未満の企業の有効求人倍率（リクルートワークス研究所）。厳しい需給バランスとなっている。中小企業は人気薄。

この他、文化放送キャリアパートナーズ（ブンナビ）、ジョブウェブや、各分野に特化した企業も多数あるが、ここでは前述した7社の紹介にとどめることにする。

就活、採活を牛耳《ぎゅうじ》る「陰の支配者」

つぎに、就職情報会社が果たしている役割についてまとめてみることにしよう。

結論から言うと、彼らはいまや、就活の川上から川下までを商売の対象としていると言える。

まず、彼らは、すでにキーワードとして出てきた「就活ナビサイト」と「合同企業説明会」を運営している。これらについては、このあとの項目で詳しく紹介することにする。

彼らは、学生向けに就職活動のための情報誌も発行している。リクルートの「就職ジャーナル」、ジェイ・ブロードの「就職ウォーカー」などがそれである。

学生からは、「就職ジャーナルの特集に合わせて準備を進めることで、就活のスケジュール、日々の活動のリズムをつかむことができた」という声も聞こえてきた。

8971人　文部科学省・学校基本調査による大卒者のうちの専門学校進学者数（2008年）。統計を取り始めた2004年以来では過去最低。

ちなみに、これらの媒体には企業からの広告が多数掲載されている。なかには、記事風広告になっていて、広告だとは気づかないものも多数含まれている。

さらに、彼らは、企業の入社案内やホームページの制作も担当している。ただ、実際には、制作プロダクションに丸投げするケースが多いようだ。

就職情報会社の仕事はこれだけではない。実は、企業の選考活動に直接かかわるサービスも提供している。選考プロセスそのものの設計をするサービスを提供している企業もある。ＳＰＩなどの適性診断ツールの提供もそうだ。

しまいには、彼らは、選考プロセスにおける業務のアウトソーシングまで行っている。たとえば、人気企業や大企業では、エントリー数は軽く１万人を超える。これだけの人数のデータを処理したり、メールでの質問に答えたり、エントリーシートを面接官用にコピーしたりするのはかなりの業務量になる。そこで、それらを代行するサービスなどを行っているわけだ。

第３章で触れたように、最近では面接官の研修プログラムを開発している企業まである。面接官の選考スキル強化や、マナーのアップなどを図るわけである。

そして、忘れてはいけないのは、各就職情報会社が「就職人気企業ランキング」を作

12.1％　大卒者のうちの大学院進学率。法科大学院などもあり、1990年の6.8％からほぼ倍増。日本もどんどん高学歴化へ。

成していることだ。これこそが、彼らの競争力の源泉の一つとなっている。

学生たちに投票をさせ、毎年、ランキングを発表する。これが、いまや学生や大学関係者だけでなく、ビジネスマン一般にも浸透している。

ランキングの結果により、企業は一喜一憂する。単純に新卒採用だけでなく、企業イメージにも関わる問題であるので、企業によってはランキングアップのために採用予算の増額を行っているところもある。

これこそ、マッチポンプ以外のなにものでもない。

ランキングの調査結果としては、マスコミで発表されるものよりもさらに詳細なものが各企業向けにつくられる。つまり、いくつかの競合企業と比較して、企業イメージのどの項目（たとえば、働きやすさ、成長できるかどうか、やりがいがありそうかなど）で勝っているのか、負けているのかまでわかる資料が作成されるのである。

このランキングの集計結果を材料に、「競合のA社に負けています。もっと露出の強化が必要なのではないですか?」という営業をかけるわけだ。

まさに、就活を川上から川下まで牛耳り、マッチポンプ的に企業や学生を煽っているのが就職情報会社なのである。

18%　内定出し開始時期で「4月上旬」と回答した企業の割合。その後「4月下旬」がピーク。「5月中旬」以降は減少。やはり早期化へ。

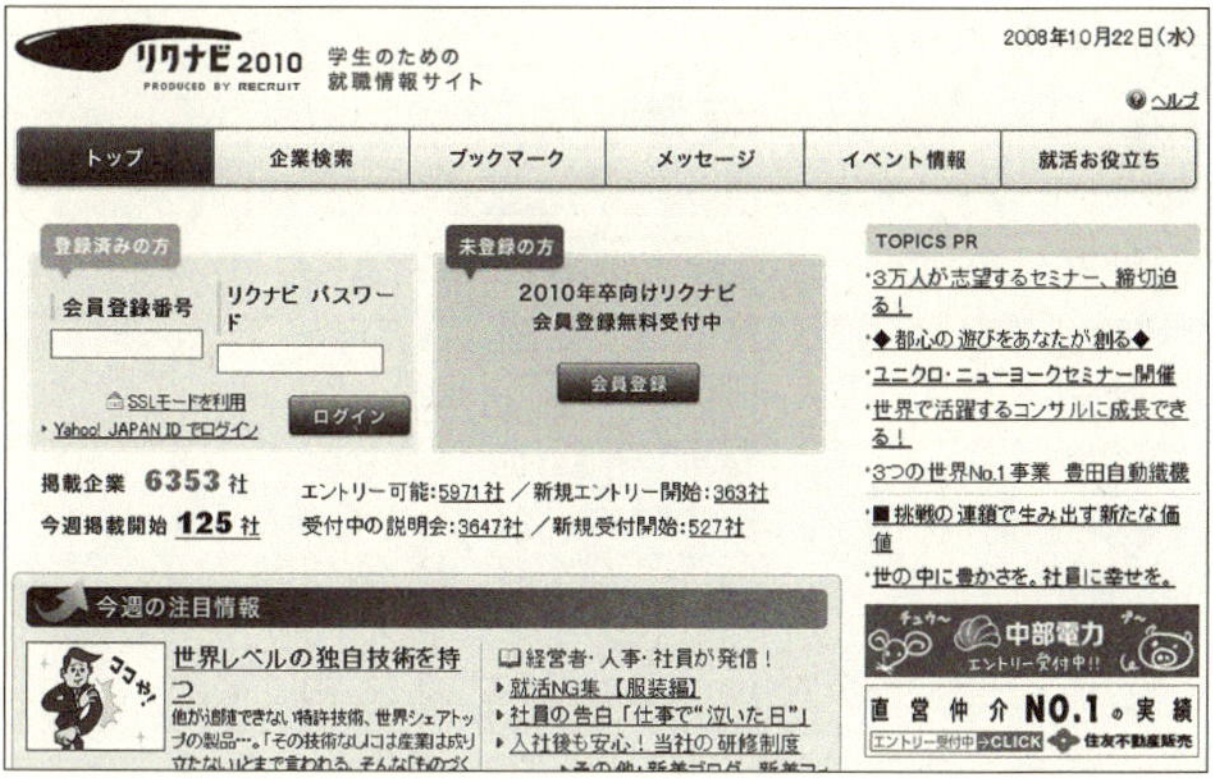

「リクナビ２０１０」トップページ

ナビサイトはドル箱商品

では、各社が主力サービスの一つにしている「リクナビ」「マイナビ」などの「就活ナビサイト」とはなんなのか？　詳しく説明することにしよう。

ナビサイトには、各企業の企業情報、求人情報などが掲載されている。２００９年に就職する学生用のリクナビ（リクナビ２００９）には、実に９４２５社（２００８年10月現在）もの企業が掲載されていた。学生は、企業名や業種、企業のデータ・特徴などから企業を検索することができるというわけである。

各企業ページには、会社概要だけでなく、先輩社員の仕事紹介や、会社の様子の写真アルバ

19.5%　社会人になる際に不安に思うことで「職場の人間関係」と回答した学生の割合。大丈夫、上司・先輩社員の側も不安だから。

採用で重視していること

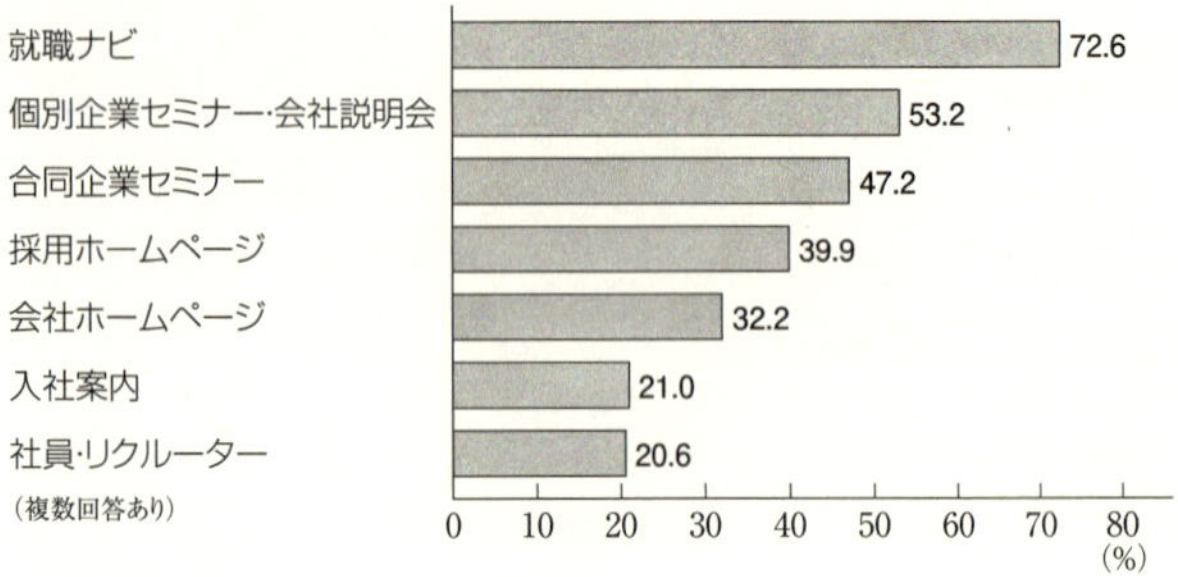

出所:「週刊東洋経済」2008年6月28日号　調査主体:採用プロドットコム

ム、人事担当者のブログ、募集要項などが掲載されている。

他にも、就職に役立つノウハウ情報なども掲載されている。

ここまで見るかぎりでは、従来あったリクルートブック（企業情報が電話帳並みに分厚い冊子にまとまったもので、学生に宅配されるもの。ハガキで資料請求を行う）のネット版のようだが、ナビサイトのポイントは、就活のかなりのプロセスをカバーしていることである。

つまり、このサイトを通じて、会社説明会の予約、企業へのエントリー、選考結果の確認などを行うことができるのである。

まさにナビサイトは、就活にとってなくてはならないサイトとなっている。

22.2社　就職サイトオープンの10月より前に学生がブックマークをした企業数。企業へのアプローチは早く、そして増加する傾向に。

ちなみに、企業は複数のナビサイトに登録していることが多いが、リクナビのみに掲載しているケースや、逆にマイナビや日経就職ナビだけに掲載しているケースもある。

これらのサイトに参画しているものの、そこでは企業情報の紹介のみ行い、実際の応募は自社のホームページで行う企業もある。

そのため、学生は、複数のナビサイトや企業サイトに登録しなければならない。

さらに、登録するとしょっちゅうメールが届くようになるので、就活中の学生のメールボックスは、各種ナビサイトや企業からのメールだらけになってしまうのである。

なお、意外に知らない学生もいるので触れておくが、これらのサイトに掲載されている企業情報は、ほぼすべてが「広告」である。また、「○○業界特集」などの特集が組まれるケースもあるが、これも参画する際には料金を払わなければいけないケースが多い。

ナビサイトに掲載されている企業情報は、決められたフォーマットに従って作成されたものであり、一見すると記事のようにも見えるが、企業の側の都合でつくられたものになっていることを忘れてはいけないだろう。

24.8%「先輩よりもかなり就職しやすいと思う」と回答した学生の割合。
これから就職氷河期に戻ることは必至。油断していて大丈夫？

すなわち、開示したくない情報は伏せられている。

たとえば、実際にはサービス残業をしている社員が何名もいるような職場でも、「やりがいがある仕事なので、ついつい残業までして遅くなってしまいます」などの表現で語られていることもよくある話である。

掲載料金は各業者によって異なる。業者によっては、合同企業説明会など、その他の商品とセット料金となっているケースもある。

リクナビの場合、応募機能ナシのシンプルな企画（つまり、企業情報のみの掲載）でも、年度ごとに約１２０万円前後の費用がかかる。さらに、エントリー機能などのオプション機能をつければ、追加の料金が発生する。

なお、この原稿作成は、基本的に昨年度の原稿を流用して、微修正で進めるケースが多いようだ。企業によっては、前年度と内容がほとんど変わらないということもよくある。もちろん、年度ごとのシステム開発費や運用費はかかるだろうが、編集・制作のコストはあまりかかっていない可能性がきわめて高い。

とはいえ、企業としては、これらのナビサイトの少なくとも一つには参画せざるをえない。なぜなら、ナビサイトになければ、企業として存在しないのと同じ状態になって

32.5%　インターンシップ応募学生の割合。前年よりも増加、もはや就活のメジャーなプロセスの一つに大変身。事実上の「企業説明会」も多数。

しまうからだ。

かくして、ナビサイトは各社のドル箱商品となるのである。

フェスティバル化する合同企業説明会

就職情報会社の主な商品・サービスの一つとして、「合同企業説明会」（通称「合説《ごうせつ》」）がある。これは、複数の企業が会場に集まり、ブースを構えて企業説明などを行うものである。

今日もどこかで「合説」が開かれている

数百人が着席できる講演会場も設けられ、そこではやはり企業によるプレゼンテーションや、就活のノウハウ講座などが開かれる。

人気企業の人事担当者によるパネルディスカッションなども開かれ、企業によっては、その場で仮エントリー（個人情報の登録）を行うことも可能

33%　リクルーターから接触があった学生の割合。特に金融で盛ん。47.3%の学生がリクルーターに「良い印象を受けた」。

である。

学生にとっては、一日で複数の企業の話を聞いてまわることができる点がメリット。「今まで興味のなかった企業と出会うことができた」「一日で何社も話を聞けるのが嬉しい」などの声が聞こえてくる。

企業にとっても、一日で多くの学生に接触し、認知・理解してもらえる可能性がある。「普段、接触できない学生に接触できる」「他の企業目当ての学生に振り向いてもらえるよう努力している」という声が多く聞こえる。

会場の規模はさまざまだ。たとえば、東京では新宿のNSビル、水道橋のプリズムホールなどから、六本木ヒルズ(森ビル)、東京ビッグサイト、さらには東京ドームまでが会場となる。

大阪でも、ヒルトン大阪やハービスホールなどの規模の会場から、大阪城ホール、そして京セラドームまでもが会場となる。

ドーム球場のグラウンドに企業ブースが並ぶ様子はなかなか壮観だ。

イベントはいまや、ほぼ年中行われている。大学3年の5月下旬から6月下旬頃にかけて、まずはインターンシップの説明会が始まる。これが事実上、就活のキックオフ的

36.6% 「入社後できるだけ出世したい」と回答した学生の割合。「自分のペースで仕事」は24.3%。出世して日本も世界も変えてほしい。

なイベントとなっている。

そして、8月下旬から9月中旬頃にかけては、リクルートや毎日コミュニケーションズが早期型の就活イベントを実施し、10月から12月にかけては、毎週のように合同企業説明会が開催される。

年明け以降は、各企業が主催する説明会や選考がスタートするため、イベント数も動員数も大きく減るものの、それでも合同企業説明会は日本のどこかで開催されている。

そして、大学4年の夏頃にかけても、決まらない学生と採用し切れない企業や、留学帰りの学生のためのイベントが開催される。

就職情報会社は、これらのイベントの参画費用を企業から得ている。ブースの大きさ、講演を行うかどうかなどで費用が決まる。その他、オプションなどの費用も発生する。ブースを派手に装飾する場合は、装飾費などもかかる。

ちなみに、これらのイベントでは、自社商品やサンプルをブースに展示する企業がよく見受けられる。取材で訪問したイベントでは、ハウス食品が「ウコンの力」のサンプルを配布していた。

しかし、圧巻だったのは、ヤマハや日立建機のブースである。それぞれ、グランドピ

41％　定年まで働きたいと回答した学生の割合。退職金その他で1億円以上の差が出る。下手に転職しないためにも会社選びは慎重に。

アノ、パワーショベルが展示されていたのだった。

自社の広告ポスターを活用しているケースもある。富士通のブースを覗いたところ、パソコン「FMV」のイメージキャラクターであるキムタクのポスターがずらりと並んでいた。

なお、各ブースでは、人事担当者だけでなく、実際にその企業で働く社員も登場する。NHKのブースでは、複数の職種のスタッフが登場し、それぞれが学生から質問を受けていた。

これまた圧巻だったのが、全日本空輸のブースである。本物のキャビンアテンダントが制服姿で登場していたのである。


ところで、これらの合同企業説明会だが、最近はイベント化、いや、お祭り化が進んでいる。学生を呼ぶために、エンタテインメント色が強く打ち出されているのだ。

特にエンタテインメント色が強いのが、リクルートが8月〜9月に実施するイベントである。年度によって名称は変わるが、通称「リクナビフェスタ」「リクナビの夏イベント」などと呼ばれている。

45.2%　5月中旬の段階で「入社企業決定、就活終了」と回答した学生の割合。活動を継続する学生は前年比では減少。

２００９年夏のイベントは、「リクナビＬＩＶＥ　夏フェス★ＬＩＶＥ」だった。明らかに野外ロックフェスティバルなどを意識した名称である。

このイベントでは、各ブースや講演会場への動員促進を図るために、各企画に訪問するたびにクーポン券を配布していた。これらを数ポイント集めると、食べ物や飲み物と交換できるというわけである。

これにより、不人気企業も含め、各ブースへの動員促進が期待できる。

しかし、交換できるものは飲食物だけではない。なんと、ネイルアートの体験までできるようになっていた。ネイルアートと就活になんの関係があるというのだろう？

さらに、リクルートの夏のイベントには、芸能人やお笑い芸人が来場することが恒例となっている。彼らは立派な客寄せパンダの役割を果たすためだ。

ここまでふざけきってはいないものの、リクルート以外の各社の合同企業説明会でも「そこまでやるのか？」というような企画がよく行われる。

たとえば、就活のためのメイク講座、服装講座などである。

さらには、日経と関わりのある就職情報会社のディスコが主催する日経就職ナビのイベントでは、「日経の読み方講座」まである。ちなみに、日経新聞や雑誌「日経ビジネ

45.9%　前年と比較した採用者人数で「前年並」と回答した企業の割合。「増加」は過去４年間最低の32.5%。売り手市場も変わり目か。

ス」の購読促進を行っているコーナーもある。

ところで、イベントの動員は各社ともに波がある。イベントが集中する時期の場合は、学生の取り合いとなってしまう。

なかには、複数のイベントに熱心に通う学生もいるが、最近では学生も合同企業説明会を選ぶようになってきていると言われており、動員が分散する。

つまり、勝ちイベントと負けイベントに明暗がはっきり分かれることになる。

逆に、動員が多すぎて会場は大混乱、ブースでの説明は声が聞こえない、通路を歩くのも一苦労などの問題が発生するイベントもなかにはある。

毎日コミュニケーションズ主催のイベントは、そうなる傾向が強いようだ。それだけ動員力があるということでもあるが、学生のブログなどでは、「人大杉《おおすぎ》！（2ちゃんねる用語で、人が多すぎるという意味）」「社員の声が聞こえなかった！」などの不満の声が書き綴《つづ》られる。

そもそも、人気企業の講演などは、事前予約を行ったり、当日配られる整理券をもらったりしなければ聞くことができない。「参加したけれど、お目当ての企業の話を聞け

47％　企業説明会にはじめて参加した時期が「年内」と回答した学生の割合。参加時期のピークは２月上旬から中旬にかけて。

なかった」という学生の悲鳴も聞こえてくる。朝から会場前に行列ができるということも、よくある光景である。

会場特性による混雑もある。たとえば六本木ヒルズだ。

エレベーターが「二階建て式」（上のカゴと下のカゴ、両方に人が乗る）なので、乗り込むための時間が多くかかってしまう。就活イベントで利用し始めた頃は、運営がこなれておらず、約１キロ離れている六本木駅まで行列ができてしまい、非難囂々《ごうごう》だったこともあった。

これらの合同企業説明会に訪れる学生たちのなかには、カップルで手をつないでやってくる学生もいる。最近では、早期からリクルートスーツを着用して参加する学生が増えているものの、茶髪で私服の学生も多数見受けられる。

「これが本当に就活なのか？」と思ってしまうほどだ。

このように、合同企業説明会はいまやイベント化、フェスティバル化してしまった。

それでも学生は、今日も会場の前に行列をつくりつづける。

48.7％　新卒採用の予算が前年並みと回答した企業の割合。「減少」は過去最多の15.9％。学生は飲ませ食わせを期待しないように。

リクルートの牙城《がじょう》を崩せるか？

就職情報会社は、ナビサイトや合同企業説明会などの商品・サービスを企業の人事部に対して提案する。いわゆる営業活動を行うわけだが、その際には当然、自社の商品・サービスがいかに優れているかを説明する。

たとえば、ナビサイトでいえば、学生の登録数、登録している学生の特徴、参画している企業の顔ぶれ、学生からの支持を受けそうなコーナーの有無、企業が操作する際の機能面の使い勝手などがウリとなる。

リクルートは、リクルートブック時代から「これに載っていないと、企業として存在しないのと一緒ですよ」という強気なトークで営業を行ってきたと言われている。

たしかに、リクナビは就職活動をする学生の9割以上が登録するサイトであり、9000社を超える企業が参画している。学生にとっても、企業にとっても、「場の魅力」があるサイトであると言えるだろう。

もっとも最近では、すでに述べたように、毎日コミュニケーションズが運営するマイナビが大躍進している。参画している企業数においても、登録している学生数においても、急速にリクルートを追い上げている。

49.5％　インターンに参加した企業の選考を受けた学生の割合。インターン参加により入社志望度が上がるため高割合だが、受かるともかぎらないわけで。

よく学生や人事担当者の間で聞かれるのが、「企業を探すのはリクナビで、企業を決めるのはマイナビ」という声である。

もしも、マイナビの参画企業数か登録学生数がリクルートを上回った場合、やや極論だが、リクルートが築いてきた牙城が一気に崩れる可能性がある。

たとえば、参画企業数において、マイナビがリクナビを圧倒するようになったとする。そうなると、学生は「参画企業が多いサイト」に流れる可能性がある（もっとも、顔ぶれにもよるだろうが）。すると、一気に「参画企業数でも登録学生数でもナンバーワンのサイト」となり、「場の魅力」が増す。そして、企業も学生もどんどんマイナビ寄りになるという循環が生まれるのである。

これは、登録学生数がリクルートを上回った場合も同様である。学生がたくさん登録しているサイトに、やはり企業も流れる可能性は高い。

リクルートは今、マイナビに対して圧倒的な差をつけることを至上命題の一つにおいているという。各社の人事担当者によると、最近では「他社のナビサイトとの併用をやめて、うち一本にできないでしょうか？」という営業を受けることが増えたらしい。

ただ、リクルートにとっては死活問題だろうが、この競争は、人材を採用する企業に

52.9％ 「地元で就職したい」と回答した学生の割合。地方によっては仕事そのものがない。地元に残るか、それとも東京・大阪か。

とっては喜ばしいことである。競争し合ってもらうことにより、商品・サービスが洗練されていくし、価格の低下も期待できるからだ。

実際、以前では、リクルートはほとんど値引きをしなかったそうだが、最近では、商品・サービスによっては大胆な値引きをしているという声が各社の人事担当者から聞こえてきている。

ところで、ナビサイト、合同企業説明会を営業する際に、就職情報会社の営業マンはどのような営業トークを使っているのだろうか。

各社の人事担当者によると、就職情報会社は「優秀な学生が多数登録しているサイトです」「優秀な学生が多数参加するイベントです」というトークで営業を行うという。

「じゃあ、優秀ってなんですか?」と思わず突っ込んでみたくなることだろう。

予想通り、そこで登場するのは登録者の学歴の一覧である。つまり、東大・京大・東工大・一橋大が何人、早慶上智は何人、という表や円グラフが登場するわけだ。

学生向けのメッセージでは「学歴など関係ない」と言いつつも、企業向けの営業資料には、実はそれしかアピールポイントがない状態になっているのである。

54.2　従業員数10～49人の賃金規模別格差（2003年、厚生労働省）。従業員数1000人以上を100とした場合の数値。大企業は賃金が高いという証拠。

この傾向は、特に合同企業説明会において顕著だ。登録した人数、登録者の学歴、参画企業数と顔ぶれ——就職情報会社は結局、そこでしか勝負していないのである。

不人気企業は搾取される

東京ビッグサイトなどで行われる合同企業説明会に参加すると、大企業、人気企業のブースに学生が集中し、黒山の人だかりになっている光景を見かける。人が多すぎて、声がほとんど聞こえないこともよくある話だ。

一方、周囲に目を向けると、閑古鳥《かんこどり》が鳴いているブースも多数ある。中小企業、不人気企業のブースである。あまりにも人が少ないので、ブースに足を向けるのにさえ勇気がいる……。

そして、この不人気企業のブースだが、よく見ると、なかには装飾がやたらと派手だったりするものも見受けられる。

この光景こそが、就職情報会社が行っている「歪んだ搾取活動」を物語っている。

実は、この手の合同企業説明会の参画費用は、企業によって大きく違っている。仮に、

59.4%　第一志望から内定を取った理系学生の割合。文系学生は50.0%、総合53.7%で理系の勝ち。文系学生は奮起せよ。

一日のブース出展料が１００万円の合同企業説明会だとすると、主催する就職情報会社にもよるが、人気企業は半額から8割引の料金で出展することができる。ときには「ご招待」といって、無料で参画できることもある。

なぜ、このようなことをするかというと、人気企業が参画することにより、参加企業の顔ぶれが華やかになり、合同企業説明会全体の動員数アップを図れるからだ。

就職人気企業ランキングで上位に入っている企業のほとんどが参画する合同企業説明会となれば、それは学生にとっても魅力的であろう。

企業に営業をする際にも「〇〇物産や〇〇商事、〇通や〇報堂も参画している合同企業説明会なのですよ。御社が採りたい層の学生が、これ目当てにやってくると思いますよ！」というようなトークが使える。

一方、人気企業の側でも、「うちが出ると、顔ぶれがよくなるのではないですか？」などのトークで値引き交渉を行っている。

合同企業説明会にかぎらず、人気企業は、「うちと取引していることはウリになるでしょ？　だから安くしてよ」などの「逆営業」を行うこともよくある話だ。

悲惨なのは不人気企業である。不人気企業は、ほぼ正価でこの手の合同企業説明会に

61.5%　倫理憲章の規定について、「前年同様、今年も規定内で取り組む」と回答した企業の割合。規定無視が31.1%。現実は逆の気が（以下自粛）。

参画せざるをえない。いや、正価ではないにしろ、値引き率は人気企業よりも低いのが普通である。

そもそも、不人気企業は、合同企業説明会に参画できるかどうかもわからない。というのも、合同企業説明会には「既得権」というものがあり、昨年も参加した企業を中心に企業向けの営業が行われるからだ。

「貴社には売る枠がありません」（ここまできつい言い方はしないにせよ）という状態はよくあることである。

人気企業に学生が集中するなか、不人気企業はなんとしてでも動員を確保しなければならない。そのため、ブースを目立つように装飾する、プレゼントを配布するなど、さまざまな試行錯誤を行うことになる。当然、その分、コストもかかる。

人気企業が20分〜30分のプレゼンテーションをブースで行うなか、これらの企業は「5分でわかる」などをウリにしていることもよくある話だ。

「5分で終わりますので、ブースに寄っていきませんか?」というわけである。自虐的《じぎゃくてき》に、「空《す》いているので、じっくり社員と話ができますよ」と学生に声をかける企業すらある。

69.3社　複数内定者のエントリー企業数。説明会参加は26.8社、選考参加は20.4社。複数内定者は行動量も多い。苦戦する学生は見習うように。

合同企業説明会を例に説明したが、このように、採用活動において就職情報会社は、人気企業に優しく、不人気企業から搾取するという構造で儲けているのである。

決してすべての企業に対してフェアなわけではない。

電通のナビサイトがシンプルな理由

今度は、リクナビ、マイナビなどのナビサイトを例に、人気企業と不人気企業の差、特に搾取の構造についてレポートすることにしよう。

皆さんにぜひ、やっていただきたい作業がある。自分の思いつく社名（できれば大企業、人気企業）をリクナビやマイナビで検索してみてほしい。これは、何社かについてやっていただきたい。

つぎに、明らかに不人気だろうなと思う企業（失礼！）をいくつか検索してみてほしい。たとえば、パチンコなどのアミューズメント業界を検索してみよう。その業界の方には申し訳ないが、アミューズメント業界は採用が困難なことで有名なのだ。

さて、検索した結果の企業ページを見て、何か気づくことはないだろうか？

そう、実は、リクナビやマイナビに掲載されている人気企業のページは、意外に地味

69.9％　文部科学省・学校基本調査の大卒就職率（2008年）。卒業者ベースでの計算。過去最低は2003年の55.1％。

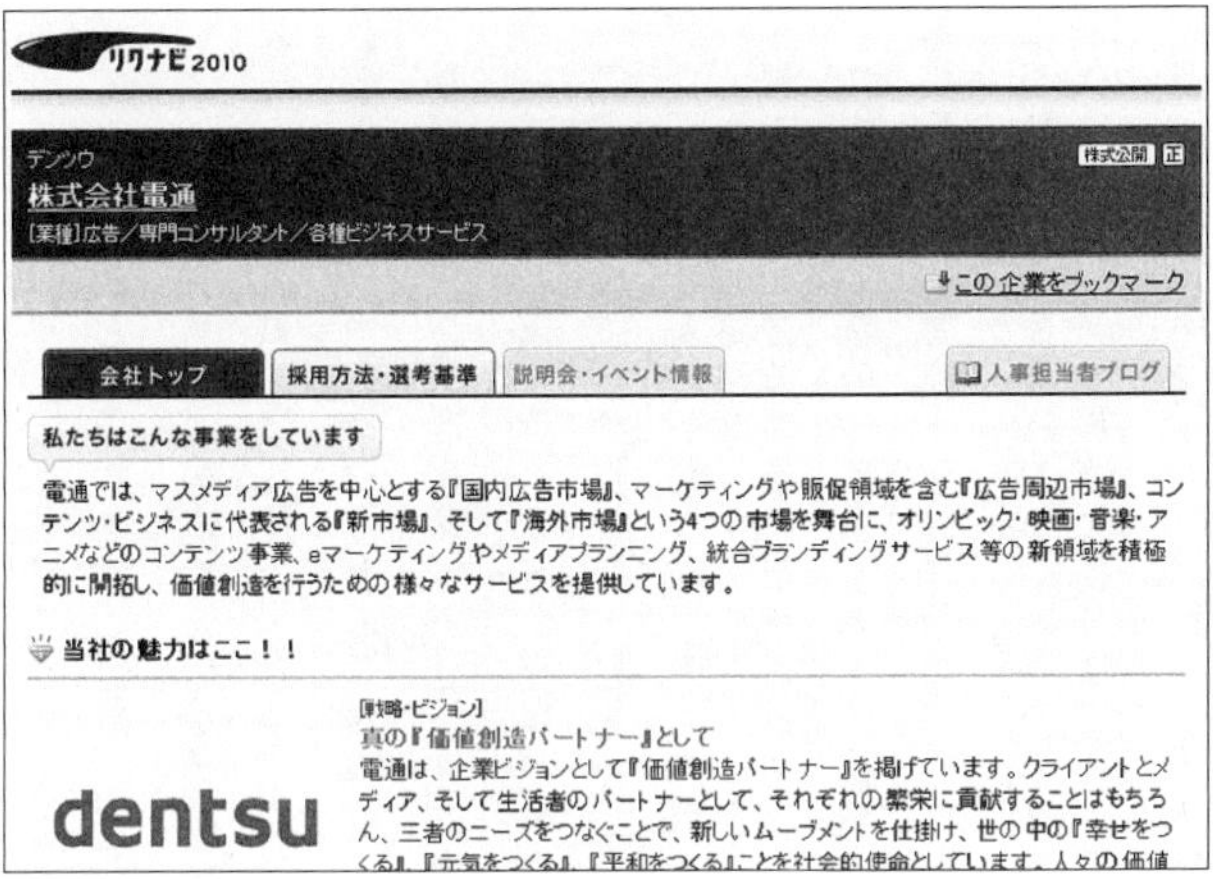

クリックできるところが圧倒的に少ない電通の企業ページ

なのである。

たとえば、就職人気企業ランキングで常に上位に入っている電通のリクナビ上の企業情報ページを開いてみた。

２００８年10月現在、ページを開くと、画面はいたってシンプルだ。リクナビの最近の目玉機能（とされている）採用担当者ブログも、電通は使用していない。それどころか、先輩社員の写真すら掲載されていない。

さらには、自社の採用ホームページのURL（アドレス）は掲載されているものの、リンクは貼られていない（ここにリンクを貼るにはかなりの金額がかかる）。学生は自ら検索するか、このURLをコピペして

78%　合同企業説明会の参加回数が「２回」、もしくはそれ以上と回答した学生の割合。「５回以上」は36%。混んでいても行く価値あるか。

電通のホームページに飛ぶしかない。

これらのことからわかることは、電通は明らかに、リクナビにあまり力を入れていない（予算を投入していない）ということだ。

一方、不人気企業、採用困難企業の企業情報画面は豪華絢爛《けんらん》である。写真も多数使われ、採用担当者ブログなどの各種機能もすべて使用されている。なかには、オリジナルの映像コンテンツを掲載する企業すらある。オプション機能を多数つけているわけだ。おそらく、人気企業の数倍の予算をかけていることが推測できる。

この、各種就活ナビサイトにおける人気企業と不人気企業の差こそが、就職情報会社がつくりだしている歪みや、マッチポンプの証明だと言えないだろうか。

ここからはさまざまな推測が成り立つ。たとえば、圧倒的な人気企業はここまでシンプルな画面で構成しても、人気は継続するし、おそらく応募してくる学生の母集団の数も質も一定水準以上を確保していることだろう。

そもそも、人気企業や大企業の各社は、ナビサイトでの募集の受付などを行わず、自社の採用ホームページを強化している。ナビサイトは入口にすぎないわけである。これを受けて、人気企業と呼ばれる企業たちには各種ナビサイトにかける予算を見直す動き

94.8万人　2009年度の有効求人総数（リクルートワークス研究所）。ちなみに、民間企業就職希望者数は44.5万人。これだけ求人があると言うべきか。

もある。

しかし、これらナビサイトから自社の採用ホームページに飛んできている人が一定のボリュームあるのも事実なので、切るに切れない。もし、人気企業がリクナビやマイナビへの参画をやめ、それでも応募者数や応募した学生の質に変化が見られない場合は、一気に参画を見直す動きが加速する可能性もある。

一方、採用困難な不人気企業は、さまざまなオプションをつけても、やはり劇的には状況は改善されないのではないだろうか。しかし、何もしないと事態は悪化する一方なので、提案を受けたら、オプション企画を使わざるをえない。予算はますますかさんでいく。

さらに、利用する学生にとっては、基本的に人気企業の情報が薄く、不人気企業の情報がテンコ盛りの歪《いびつ》なサイトを使わざるをえない状況に追い込まれている。しかし、ここからでしかエントリーできない企業、ここにしか情報が載っていない企業もあるので、登録せざるをえない。

かくして、リクナビやマイナビは、就活界の「必要悪」と呼ばれてしまう。

99%　大学が宣伝する就職率。そのほとんどが就職希望者ベースで計算。実態不明で、99%がウソ。卒業者ベースが非公表なら行く価値なし。

就職情報会社は本当に悪なのか？

さて、この章では、半ば就職情報会社が諸悪の根源であるかのように紹介してきた。では、そんな彼らには、どのような悩みや課題があるのだろうか？　少し引いた目線で考えてみることにしたい。

まず、この章の最初でも触れたように、そもそも人材に関わるビジネスは「採用マーケット連動型ビジネス」であるというのが就職情報会社の悩みである。つまり、景気や、それに連動する企業の求人数などに業績が大きく左右される。

いわば、就職情報会社は、市場の状況に「流される」という脆《もろ》い構造のもと、ビジネスをせざるをえない状態になっている。

それから、提供している商品・サービスが学生や企業の期待を大きく超えているかというと、疑問である。

たとえば、優秀な学生ほど合同企業説明会に対してそっぽを向くという現象はすでに起こっている。それに、採用スキルが高い企業ほど、就職情報会社の商品・サービスに対して、物足りないと感じている。

118万人　2020年の18歳人口予想数。1992年は205万人だった。学生の数は減っていく。それでもライバルは多い？

いつの間にか、商品・サービスも、誰のためのものかわからないものになっているし、価値自体が低いものになっているという現象が起きている。

リクナビやマイナビのことを就活後、笑顔で振り返れる学生がどれだけいるだろうか。きっと嫌な思い出とも重なっているはずである。本来、学生の役に立っているはずなのに、胸を張れない。そんなうしろめたさを、就職情報会社は抱いているのではないだろうか。

さらに言えば、就職情報会社の営業担当者のスキルダウンもよく聞かれる話である。前述した通り、現在、リクルートと毎日コミュニケーションズの競争が熾烈になっている。競争により、サービスが洗練され、価格が良心的なものになるならばそれでよいのだが、各社の採用担当者の声を聞くかぎり、決定的によい商品・サービスが優秀な営業担当者によって提供されているかどうかといえば、そうでもないようだ。

とはいえ、この二社のサービスを切るには勇気がいる。結果として、惰性で参画しているという状況が見受けられる。

さらに、しばしば学生や企業を「踊らせる」立場となっていると批判される就職情報

185.9　賃金の勤続年数別格差（製造業、2002年、厚生労働省）。勤続年数５年以下を100とした場合の数値。日本ではやはり、長く勤めるほど得。

会社であるが、私は学生や企業を「踊らせ切っていない」こと自体が、就職情報会社の弱みではないかと思っている。

つまり、学生や企業が従わざるをえない、踊らされざるをえないような新機軸を打ち出せていないことこそが、最大の問題だということだ。

たとえばだが、学生が企業を選ぶ方法を劇的に変化させる方法はないのだろうか。企業にとって、今まで出会えなかったような学生と出会えるような仕組みをつくる方法はないのだろうか。

もちろん、リクルートや毎日コミュニケーションズをはじめとする就活情報企業の取り組みによって、学生が就活しやすくなり、企業も採活しやすくなった事実を忘れてはいけない。

しかし、彼らが約10年前にナビサイトを立ち上げた以外に、ここ数年の大きなイノベーションはあるだろうか？　何もないはずである。

かつての「就職氷河期」に匹敵する流行語のひとつでもつくっただろうか？　やはり何もないはずだ。

「新しい就活のやり方」「ムーブメント」をつくってみろ、そして、踊らせることがで

745万人　2006年の若年人口（20歳～24歳）。直近のピークは1995年で998万人。就職したら結婚して子どもを。

きるなら、学生や企業をもっと踊らせてみろ、と言いたい。

くれぐれも言うが、彼らを誹謗《ひぼう》中傷しているわけではなく、期待を込めて言っていることをご理解いただきたい。

リクルートと毎日コミュニケーションズの話ばかりになってしまったが、もちろんこれは、他の就職情報会社に対しても言えることだ。

実は、就職情報会社も就活に「踊らされている」立場であり、「被害者」であるとも言えないだろうか？

1975時間　日本の年間総実労働時間（製造業・生産労働者、2003年）。1980年には2162時間。それでもフランスの1538時間に比べれば働きすぎ？

《第５章のまとめ》

◆就職情報会社は、大学によれば「日本を滅ぼす元凶」だそうです。

◆ナビサイトは儲かるので、就職情報会社は笑いが止まりません。

◆合同企業説明会ではパワーショベルが登場、ネイルアートも体験できます。

◆合同企業説明会における不人気企業のウリは、「５分で終わる」です。

◆不人気企業は学生の注目を集めるために、ナビサイトのページをやたらと豪華にします。

◆就職情報会社は10年前から進歩していません。

◆悪玉扱いされる就職情報会社も、広い意味では被害者です。

◆石渡と大沢に余計なことを書かれた就職情報会社は、狭い意味でも被害者です。損害賠償請求には応じかねますが。

おわりに　バカヤローは誰なのか？

就活は「気持ち悪い」

本書ではこれまで、学生、大学、企業、そして就職情報会社に対する徹底した取材と調査をもとに、現在「就活」の現場で起こっている事実を赤裸々に描いてきた。

読者のなかには、嫌悪感すら抱いた方もいるかもしれない。

私もそうだ。取材を行うにつれ、就活に対して嫌な気分を抱くようになった。

ハッキリ言うと、就活は気持ちが悪い。


まず、なにより学生が気持ち悪い。

誰もがリクルートスーツに身を包み、合同企業説明会に集結している様子は気持ち悪い。

マニュアル本に洗脳され、おじぎをする角度から挨拶の仕方まで一緒になっている様子は気持ち悪い。中途半端な自己分析をし、他人の勝ちパターンを真似し、イタい自己PRをする学生は気持ち悪い。人気企業・大企業に内定すると、内定者として勝ち誇り、偉そうに後輩に接する学生は気持ち悪い。

大学だって気持ち悪い。

就職実績アップに邁進《まいしん》するのは結構なことだが、キャリア教育という美名のもと、学生たちに就活のノウハウを教える様子は気持ち悪い。学生を型にはめていく様子は気持ち悪い。「教育の時間を確保しろ!」と言う教授と、「就職実績が下がると大学として生き残れなくなる!」と主張する就職課の対立は気持ち悪い。

企業の必死さも気持ち悪い。

会社の良いところだけを見せようとする様子は気持ち悪い。飛び込み営業をコンサルティング営業などと表現する様子は気持ち悪い。ワークライフバランスという言葉が流行ったかと思うと、どの企業も「働きやすさ」を働いたこともない学生たちに必死にアピールする様子は気持ち悪い。現場で仕事をしたことのない人事担当者が現場の仕事のおもしろさを説く様子は気持ち悪い。その人事担当者がいくら努力しようとも、社内では評価されない様子は気持ち悪い。

就職情報会社も相当、気持ち悪い。

自ら調べた情報をもとに、マッチポンプ的に学生・大学・企業を煽る様子は気持ち悪い。学生に接したこともない営業担当者が企業に提案をする様子は気持ち悪い。企業の採用課題解決という大義名分を掲げつつ、結局、学歴と人数、他社と比べた値段などでしか自社の商品・サービスの魅力を表現できない様子は気持ち悪い。

このように、就活の登場人物たちは、気持ち悪さが漂う茶番劇を必死に演じている。

とはいえ、学生も、大学も、企業も、就職情報会社も、その「気持ち悪さ」「茶番ぶり」に無自覚なわけではない。誰もが薄々、「嫌だな」「気持ち悪いな」などと感じている。

もっと言えば、

「就活のバカヤロー」

と叫びたいところをグッとこらえている。

にもかかわらず、だ。この茶番の本質はずっと変わっていない。

時代が就職氷河期から売り手市場に変化しようと変わらない。情報源がリクルートブックなどの冊子からリクナビなどのナビサイトに移行しても変わらない。東京ドームやビッグサイトで合同企業説明会が開かれるようになっても変わらない。「みんなの就職活動日記」や「2ちゃんねる」のような、就活の情報交換ができるサイトができても変わらない。大学にキャリアセンターが設置され、キャリア教育なるものが行われるようになっても変わらない。

マニュアル本に洗脳された学生と都合の良い事実を並べたてる企業の「騙し合い」。

就職実績と教育の狭間《はざま》で揺れる大学がバカ学生と採用を急ぐ企業に不満を言う「責任転嫁《てんか》」。

「就活を応援します」「採用活動を応援します」などと言いつつ、陰の支配者のごとく皆を煽る就職情報会社の「偽善」。

なにもかもが、同じことのくり返しだ。

茶番はまったく変わらない。

いや、変わらないどころか、むしろ悪化しているとも言える。就活も採活も、以前よりずっと早く、ずっと長くなっている。結局、大学生活は遊ぶことと就活で終わってしまう。

おもしろいことに、媒体上では「充実した学生生活を」とメッセージを発信している就職情報会社も、「就活の早期化はやめましょうよ」という言葉はひと言も発信していない。

企業の人事部の方によると、「毎年、ご参画いただいているあのイベントですけど、今年から1カ月前倒しになります」という提案をされることが多いようだ。当然、企業や学生のニーズありきではあるのだが。倫理憲章は、もちろん形骸化している。

就活のバカヤロー度は、ますます加速しているようである。

あえて、学生の味方になってみる

本書の第1章では、学生たちのイタイタしい様子を紹介した。まるで学生がバカであるかのように書いたが、すべて事実だからしょうがない。

今さら偽善者ぶるつもりはまったくないのだが、ここでは「学生は被害者なのではないか？」という視点で、あえて学生の味方となり、就活がいかにバカヤローであり、茶番であるかについて考えてみることにしたい。

アンケートをとったわけではないが、「就活の思い出はすばらしいものばかり」という学生はいないだろう。

就活とはなんなのかよくわからない状態で就活を始めさせられる。キャリアセンターの指導も現状に合っているとはかぎらない。マニュアル本通りにすると、一見うまくいくようで実は型にはまってしまい、逆にありふれた学生に見えてしまう。

自己分析をしようにも、これまで何も考えずにのほほんと生活してきたので、自分の軸のようなものが何も見えてこない。

自分のことがわからないのに、まわりはリクルートスーツを着てがんばっているので焦る。合同企業説明会にたくさんの人がいて焦る。就活情報誌を見て焦る。第一志望の会社に落ちて焦る。焦るあまりに、第1章で紹介したようなイタいやり方についつい走ってしまう。まわりの仲間たちが内定しだして焦る。最終的に内定した瞬間、今度は「内定者」という名目で会社に縛《しば》られて焦る。

このような事実を見るかぎり、学生には自業自得な部分もあるが、やはり被害者であると言えるだろう。

私は正直、学生はマニュアル本に洗脳されず、もっと自分をさらけ出せばいいと思っている。自己分析をする時間があったら、もっと未来のことを考えるべきだと思っている。

「今までバカ学生でしたけど、これから成長したいと思います！」

という意欲が学生には足りなさすぎるのではないか。

取材中、ある学生からこんな質問を受けた。

「面接では、本当の自分を出すのと、マニュアル本などを参考にした自分を出すのと、企業に合わせた自分を出すのでは、どれがいちばんいいのでしょう？」

複雑な心境になる質問である。

「そんなもの、自分で決めろ！」と言いたくなったが、

「本当の自分を出してはどうですか。ウソついても仕方がないでしょ？」

と考え、そう伝えた。

しかし、別の就職浪人をする予定の学生からはつぎのような質問を受けた。

「まわりの連中は、薄っぺらで中身がなくても、コミュニケーション能力の高い奴や、マニ

ュアル本を参考にして演技した奴が大手企業に決まっている。この事実を大沢さんはどうとらえますか？」

ここに、現在行われている就活の根本的な問題が現れているように思う。

自分を偽り、マニュアル通りのやり方をしてしまうイタい学生と、結局、その学生を、表面的な「コミュニケーション能力」や「学歴」などで「優秀な学生」と判断してしまうイタい企業。そして、このような学生と企業が存在することが、さらにまわりのイタい学生を増殖させていく——。

これは、なかなか根が深い問題だ。

取材の過程で、ある大手広告代理店で以前、リクルーターを担当していた男性にヒアリングをしたところ、

「学生には腹から出た言葉で就職活動をしてほしい」

という、気持ちいい言葉が返ってきた。

ある会社の人事担当者からもこんな声を聞いた。

「その人がどんな人なのか？　これからどうなりたいのか？　それが、魂のこもった言葉と

雰囲気で伝わればいいんじゃないですか」

「通る学生は、自分のことを普通の会話で表現できる学生。マニュアル本はいらない。用意してきた自己ＰＲもいらない。普段の気持ちよい自分で面接に参加してほしい」


これらの意見には、私も大いに賛同するところである。

しかし、である。このような一見すると聞こえがよく、胸を打つような言葉も、学生に響くかどうかは疑問だ。おそらく、８割の学生の胸を打つ言葉ではあるだろうが、実はこのような熱いメッセージ、胸を打つような言葉自体が学生を悩ませている。

「本当の自分を出せなんて言われても、どうすればいいのかわからない」

「それで落ちたらどうするんですか！」


学生が「本当の自分」「ありのままの自分」「普段通りの自分」で勝負したところで、結局、企業の側が、その学生の良さをちゃんと判断・評価してあげられなければ仕方がない。

10分や15分の面接、それも、本書で述べたようにアマチュアの面接官が行う面接で、はたしてそれが可能なのだろうか？

それどころか、こんな意見もあった。

「実は年々、学生に対する期待が高まりすぎているのではないでしょうか？」

たしかに、10年前は「求める人物像」「求められるスキル」などの概念は今ほど意識されていなかった。学生に対する期待度が高まることにより、学生が、そして就活が歪んでいるのではないか、と。

さらに、「なんのために働くのか？」という問いに対する答えも変質し、それが学生を苦しめているのではないかという声もある。

最近は「自己実現」や「仕事を楽しむ」ということをアピールする人事担当者が増えてきたように思う。各媒体の人事担当者インタビューをぜひ読んでいただきたい。

しかし、就職課関係者や人事担当者のなかには、このような意見を言う人も現れてきた。

「仕事を楽しまなければならない、自己実現しなければならないという、一見美しそうな概念自体が、学生や若手社員を苦しませているのではないでしょうか」

仕事を楽しむことや自己実現自体はすばらしいことであるが、そのこと自体が学生を苦しめてしまっていては本末転倒というわけだ。

まずは自立のために働いてみるという、シンプルな原点への回帰が、逆に学生の賛同を得ることになるのかもしれない。

乱暴な意見かもしれないが、結局、働いてみないことには、仕事の本質も企業の実態もわからないのである（余談だが、学生が内定した会社のことを「いい会社」と連呼する様子は気持ち悪い）。

ここで、名曲と呼ばれている曲の歌詞を引用しよう。１９７０年代に流行した『いちご白書』をもう一度」（作詞・作曲／荒井由実）という曲だ。この曲の二番の歌詞は、世代を超えて、就活生の気持ちを代弁していると言えないだろうか。

僕は無精ヒゲと　髪をのばして
学生集会へも　時々出かけた
就職が決まって　髪を切ってきた時
もう若くないさと　君に言い訳したね

いつだって就職というものは学生にとって不安なもの、諦めを伴うものであり、大人の世界の汚い部分を覗いてしまう第一歩であり続けているのかもしれない。

学生に対して、どのように声をかけて励ませばよいのか、わからなくなってきた。

いずれにせよ、第1章では学生をかなり叩いてしまったが、学生自体もまた弱い存在であり、イタい行動に走ってしまうこともやむをえないような存在なのである。

また、就活における学生の行動は「バカヤロー」そのものである部分も多いが、まわりが彼らをそうさせている側面もないだろうか。

青臭いことを言わせていただく。

学生に強く言いたいのは、「就活に正解はない」ということである。

答えは「探すもの」ではなく、「探す」「考える」などの行為を経たうえで「決めるもの」であるということだ。

だから、極論のようだが、本書では自己分析もマニュアル本もいらないと断言している。

人生に〝答え〟はない。もっと言うと、人生とは、その〝答え〟をつくりだしていくものである。

就活という茶番劇のなかで踊らされるのはやめて、人生というドラマを楽しむ勇気を持ってもらいたいものだ。

踊らされるな！

本書が最後に強くメッセージとして伝えたいのは、「踊らされるな！」ということである。それは決して、学生に対してだけ言いたいのではない。大学も、企業も、就職情報会社も、もういい加減、踊らされるのをやめて、本質的なことを考えてほしい。

皆が「バカヤロー」と叫びたいのをこらえているが、では誰がバカヤローなのかといえば、それはバカヤローと叫びたい自分自身であろう。

「バカヤロー」と誰かのせいにして、自分は部外者であるかのごとく振る舞ってはいないか。相手を踊らせているつもりで、自分が踊らされてはいないか。

実のところ、登場人物の誰もが主体性を持っていない。

「他の学生もそう動くから」「企業の採用活動がそういう計画だから」「キャリアセンターがそう指導するから」「就職情報誌にそう書いてあったから」「他大学もそうしているから」「競合のA社がそうしていたから」「就職情報会社が営業にきて提案していったから」「ラン

キングが下がるのが怖いから」「他社のナビサイトもこの機能をつけはじめたから」……。

そのようなセリフで、踊らされていることから目をそらしているかのように見える。

とはいえ、本書でさんざん見てきたように、結局、踊らされた登場人物は皆、バカを見ている。悲しい気分、気持ち悪い気分になっている。いつの時代でも、就活がうまくいく学生、採活がうまくいく企業というのは、踊らされてはいないのである。

各社間で取り合いになるような人材は踊らされていない。就職人気企業ランキングで上位に入り続けているような企業の一部の採用活動も、やはり踊らされてはいない。

くれぐれも言うが、本書は、「就活」やその登場人物を誹謗中傷し、否定するものでは決してない。就活に関わる赤裸々な事実と向き合いつつ、その問題の本質が、主役が不在であり、皆が踊らされている悲しい茶番劇であるということを訴えかけたかったのである。

最後にもう一度、青臭いことを言わせていただく。

「就活」とは、企業と社会の未来をつくる行為である。なにより、学生個々人が未来に向けて大きな一歩を踏み出す行為である。

その就活が、単なる茶番に成り下がっていて、そこで皆が悩み、苦しんでいるというのは悲しい事態なのではないだろうか。

体系的で、具体的な解決策は本書ではあえて提示していない。ただ一つ言えるのは、この誰も幸せにしない茶番について、「やっぱりおかしい」と問題提起する必要があるということだ。

本書をキッカケに、茶番劇で踊らされる登場人物が少しでも減り、就活が企業と社会の明るい未来をつくる行為に近づくとしたならば、これほど嬉しいことはない。

学生や大学、企業や就職情報会社の関係者の皆様には、この本を読んでどんどん「ムカついて」もらいたい。就活のあり方について、議論のキッカケになればいいなと思っている。

最後に、現在の就活、採活を変えるべく、皆で叫ぼう。

「就活のバカヤロー」

あとがき

本書を出すきっかけ、それは一通のメールだった。

それも、心のこもった文面などではない。業務事項をまとめた宣伝メールである。

私(石渡)は、自分の本を出したら、名刺交換をした人、ほぼ全員に宣伝メールを送るようにしている。筆者個人でもできるささやかな営業活動だ。

2008年4月に『時間と学費をムダにしない大学選び』を刊行したときも同じく、「下手な鉄砲も数撃ちゃ当たる」のノリで、数年前に一回会っただけの大沢氏にもメールを送信した。

そのときのことを大沢氏と振り返ってみた。

大沢「立派なスパムメールだよね。著者自ら送るスパムメール(笑)」

石渡「すみません（笑）。で、そのスパムメール、もとい宣伝メールに大沢さんが丁寧に返事をしてくれたんですよね」
大沢「そうそう。ちょっと興味があるテーマだったし。返事をしたら、たまたま石渡さんが転職をネタにする本を書いていることがわかって……」
石渡「大沢さんがそのテーマに詳しいと聞いて、これは話を聞くしかないな、と」
大沢「スパムメールを送るだけじゃなく、数年前に一回会ったきりの人間に話を聞かせろ、なんてかなりずうずうしいよね」
石渡「たぶん、体のなかには血液の他に『ずうずうしさ液』も流れているんですよ（笑）。で、新宿の喫茶店で久々に話をしたら、取材どころじゃなかった」
大沢「そう！　なぜか就活の話で異常に盛り上がったよね。3時間くらい。取材趣旨をそっちのけにする取材者も被取材者も、いろいろな意味で問題があるような気がするけれど（苦笑）」
石渡「結局、転職に関する話をしたのは、ええと――」
大沢「10分くらいだよ（爆笑）」

付言すると、それまで私と大沢氏は酒を一緒に飲む仲でもなんでもなかった。知人というカテゴリーに入れるのもどうか、というくらいの人間関係である。それが、いつの間にか一緒に本を出すまでになっていた。

メール一通といえども無碍《むげ》にすべからず、ということをよく実感できた。それに、マンガではよくある運命的な出会いが我が身にもあるとは思いもしなかった。

こうした運命的な出会いが、どうせなら我が身の恋愛の場面であればもっと良かったと思わないでもない。もっとも、仕事と恋愛、どちらで幸福であるべきかという命題は本書とは無関係なのでおくとしよう。

というわけで、本書は私と大沢氏の共著であるが、私と大沢氏はいくつかの点では見解に相違がある。とはいえ、大沢氏が「おわりに」で示したように、就活が企業と社会の未来をつくる行為だと考える点は完全に一致している。そして、今の茶番劇が早く終わるべきだ、と考えている点でも完全に一致している。

現在の就活・採活が変わる一助になれば、という思いから私と大沢氏は執筆した。

なお、本書で示した見解はすべて筆者個人のものである。企業・大学・学生の個別事例については、プライバシーに配慮するため、細かい背景を変えたり、複数のエピソードを一つにまとめるなど加工している部分もあることをお断りしたい。

本書執筆にあたっては、多くの方にご協力をいただいた。取材に応じていただいた大学教職員、学生諸君、各企業の広報・人事担当者に深い感謝を。

帯のマンガをご執筆いただいた福満しげゆき先生（目の下のクマが最高に好きです）、そのほか数多くの人々のご協力に深くお礼を申し上げたい。そして、光文社新書編集部の柿内芳文氏、それから共著者である大沢仁氏に最大限の感謝を。

最後に、第2章にご登場いただいたX大学の「就職課熱血職員氏」にも感謝したい。大学の就職支援状況の幅広さを再確認する良い機会をいただいた。私にとっては幸運なことだったが、X大の学生にとっては幸運なのかどうか、それはまた別の機会にでも。

2008年10月

石渡嶺司

主な参考文献・参考資料

【はじめに】聖日出夫『なぜか笑介　22巻』小学館・ビッグコミックス／社団法人日本経済団体連合会ホームページ「倫理憲章の趣旨実現をめざす共同宣言」２００４年

【第1章】三田紀房・関達也『銀のアンカー　4巻』集英社・ジャンプコミックスデラックス／片桐圭子、外山俊樹、内山美木「面接官が明かすホンネ　人気上位企業41社の『ＮＧ』と『ＯＫ』」朝日新聞社「ＡＥＲＡ」２００３年2月3日号／太田匡彦、川添華子「面接の壁　会社と学生にある大きなズレ」朝日新聞社「ＡＥＲＡ」２００４年1月26日号／辻太一朗『採用力のある面接――ダメな面接官は学生を逃がす』ＮＨＫ出版・生活人新書

【第2章】東京大学キャリアサポート室ホームページ「キャリアサポート室からのメッセージ」／溝上憲文「人事部の告白　激変!得する学歴、損する学歴」プレジデント社「ＰＲＥＳＩＤＥＮＴ」２００８年10月13日号／帝人株式会社人事部『嘆くな、ぼやくな大学生』帝人株式会社／ブログ「女。京大生の日記。」２００８年7月30日投稿記事「没落エリートの出現――ビジネス社会から疎外され

る高学歴就職難民たち」／ブログ「404 blog not found」２００８年7月30日投稿記事「学校ってバカを治療してくれんのか」

【第3章】伊藤秀一『いい会社はどこにある？ いい人材はどこにいる？――「伸びる人」と「伸びる企業」の条件』ＰＨＰ研究所／厚生労働省ホームページ「若年者就職基礎能力の修得の目安」２００４年／経済産業省「社会人基礎力に関する研究会『中間取りまとめ』」２００６年／原正紀『採用氷河期――若手人材をどう獲得するか』日本経済新聞出版社／社会経済生産性本部「新入社員意識調査」２００７年／宇都宮徹「就職ブランドランキング３００」東洋経済新報社「週刊東洋経済」２００８年6月28日号／ほぼ日刊イトイ新聞『はたらきたい。』ほぼ日ブックス

【おわりに】『いちご白書』をもう一度」１９７５年（作詞・作曲：荒井由実／編曲：瀬尾一三／歌：バンバン）

――写真提供：東京経済大学、関西大学

石渡嶺司（いしわたりれいじ）
ライター・大学ジャーナリスト。1975年北海道札幌市生まれ。'99年、東洋大学社会学部卒業。著書に『最高学府はバカだらけ』（光文社新書）、『時間と学費をムダにしない大学選び』（光文社）、『転職は1億円損をする』（角川oneテーマ21）など。
「ライター石渡嶺司のブログ」http://reiji0.exblog.jp/

大沢仁（おおさわひとし）
ライター・人事ジャーナリスト。転職をくり返しつつ、各社で採用・教育研修などを担当。人事の実務経験を活かし、ライターとして活動中。著書に『本当はすごい！ゆとリーマン　イマドキの若手社員育成テクニック50』（HK INTERNATIONAL VISION）など。
「大沢仁のブログ」http://ameblo.jp/hitoshiohsawa/

就活《しゅうかつ》のバカヤロー　企業《きぎょう》・大学《だいがく》・学生《がくせい》が演《えん》じる茶番劇《ちゃばんげき》

2008年11月20日初版1刷発行
2008年12月20日　　3刷発行

著　者 ―― 石渡嶺司　大沢仁
発行者 ―― 古谷俊勝
装　幀 ―― アラン・チャン
印刷所 ―― 堀内印刷
製本所 ―― 榎本製本
発行所 ―― 株式会社 光文社
東京都文京区音羽1-16-6（〒112-8011）
http://www.kobunsha.com/
電　話 ―― 編集部03（5395）8289　販売部03（5395）8114
業務部03（5395）8125
メール ―― sinsyo@kobunsha.com

 ISBN 978-4-334-03481-8